U0060367

RICH X POOR HUSBAND

富老公 X 窮老公
感激帶來幸福的力量

幸せをもたらすパワーに感謝

THE POWER OF GRATITUDE TO BRING HAPPINESS

此書獻給我最愛的PA PA，感謝您無條件的愛＆智慧力量。

此書獻給我最愛的阿公，感謝您無處不在地庇祐我、守護我。

目錄CONTENTS

作者的話

我是 維
是一位商業007，協助亞洲區超過百位老闆＆老闆娘，這是一本商業致富之書，傳承成功家族們的致富祕密，向宇宙＆大自然學習財富如何茂盛繁榮。讓人擁有正確致富軌跡是本書重點，因爲累積財富是種內心遊戲，會玩就會贏，怎麼玩？符合宇宙＆自然界四大元素：

機會＋好運時機＝風
熱愛＋事業方向＝火
智慧＋內心寧靜＝水
資產＋淨值上升＝土

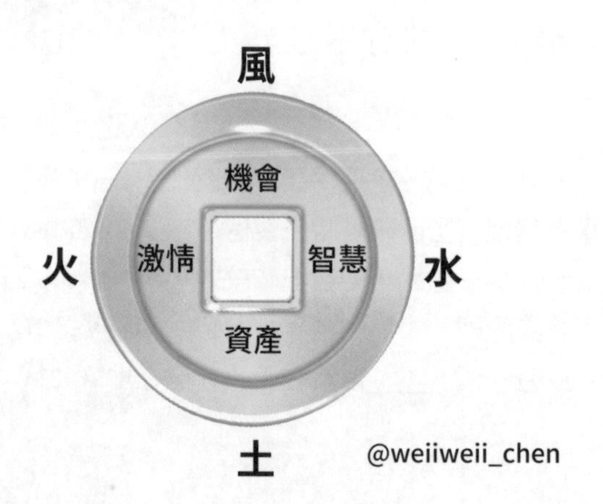

「你會看到這本書，或讀到這段文字，其實都是命中註定。」
不論相信與否，恭喜你，是個幸運的人，永遠都有比你想得到更美好生活在等著你，勇敢翻開人生下一頁吧。

貓特藍提斯最早IDEA誕生之時，就是三部曲：
一部曲：貓特藍提斯前傳——九維皇族的誕生

二部曲：貓特藍提斯王國
三部曲：地球最終戰──『富老公×窮老公』
2023年是人類歷史上特別的一年，所以第三部曲先誕生於世界上，給有需要＆幸運的你，希望本書爲你帶來小小明光力量。
若世界是遊戲，很多的「爲什麼」似乎就有方向＆解答。
在世界遊戲中，因爲要篩選出厲害的玩家，本書稱之『富老公』，或是『擁有富老公的女人』們，在人生路上，世界會設置很多關卡來篩選出這些玩家，看誰能想起自己的地球任務。

這不是一本心靈雞湯之書，也不是外星人地球生存指南，是你完全可以運用在商業、戀愛、人生方向的教戰指南，若是你已經看過非常多的商業書籍、致富祕密，但是好像改變不大，也許本書適合你，本書將用**世界是遊戲**的角度來說明財富＆人生遇到的許多爲什麼，請打開你的想像力，不要侷限自己，一侷限，財富進不來。

若你是邏輯很強的人，可能有火星人血統，請用商業角度＆參數來看這些故事。
若你是直覺力強的人，可能有亞特蘭提斯血統，請跟隨你的直覺來看這些故事。
若你是個很天眞、很純眞的人，可能是靛藍小孩or仙女星人，就直接看故事吧。
若你是個知道很多、但從來沒人可以說的人，你可能是地球老靈魂，就看故事吧。
如果你就只是想知道如何變成富老公，那請打開你的想像力，在文字中獲得的答案吧。

看這本書，建議可以拿著一支筆，邊看邊圈下**屬於你的重點**。

在2045年奇異點到來之前，將會有大量的窮老公變成富老公，爲什麼？因爲那些男人都採取行動了。

或有大量的女人學會了，協助大量的窮老公變成富老公。
富老公，什麼富？
金錢富、自由時間富、成就感富，三者具備，
不再是不知道自己爲什麼而活著，找到存在的意義＆價值。
也是稍微接近高等文明所說的『IS BE』。
你要是現在認識我，一定只會覺得我是個很樂觀的普通人，但事實上我是走過死亡至少3次的人，深深明白生命的重要性，

對我而言，活著、能笑就是一件充滿希望、很棒的事了。

@weiiweii_chen

幾年前受了嚴重的傷，所以才走向顧問、軍師之路，傷勢導致無法行走、但必須去賺錢，更加鑽研東方、西方的古書，因爲我也想知道人生的意義，還有我該何去何從？

24小時身體的劇痛已經超過極限。
從孫子兵法、宇宙法則、心理學、風水etc.這種**高階的道**一直鑽研進去。人喜歡故事，因爲故事有溫度，絕望的人會從故事中找回力量＆希望。

世界遊戲把身體限制住，反而更啟動激活靈魂的開關。

先把我自己救活了。
進而發展出一套系統，沒想到，很多人需要這個。
在協助其他人的過程中，也發現了更多的祕密。

#古老玫瑰教煉金術
也許女人來自金星、男人來自火星，但來地球相遇意義爲何？
「若世界是遊戲，很多的『爲什麼』似乎就有方向＆解答。」

煉金術古書記載，行星＆金屬礦物間的關係：
太陽＝金
月亮＝銀
金星＝銅
火星＝鐵

故得知金星＆火星＝銅＆鐵用鍊金術處理後，將產生金＆銀。

在中古世紀，想要學古老鍊金術，富有是基本門檻，更重要的是還要有高智商、創造力，極致高級的科學＆藝術融合而成。
煉金術古書記載，要煉金，首先『風火水土』四大元素具足，
不斷提升＆純化，「金」就會產生，並且加上時間，
給予純度提升，金的純度就會越來越高，不斷去除雜質，
直到99.9%金，是古老煉金術基礎原理。

也就是說，這是一個上升螺旋的狀態，一次有一次的效果、要不斷重複做、一直去雜質，看起來像傻子，其實是智者。
覺得人家傻的人，才是眞傻。

『若世界是虛擬遊戲，很多的『爲什麼』似乎就有方向＆解答。』

鍊金術啊！

而我指的是眞正的煉金術，跟現在人講的電動概念不一樣。
古歐洲鍊金術其實是貴族or高智商的人才能學的，
牛頓、哲學家柏拉圖etc.都是著名的煉金術士。

煉金術元素就是——風、火、水、土，這些大自然元素。
更深層的原理，
當「風、火、水、土」的元素聚集、且來到純度越來越高時，
「金」就會漸漸出現，記住，是漸漸出現！

每個人，天生特質不同：
風特質超愛自由，但易被困住，不然機會超多，優點好奇心。
火特質單純直接，但容易被陷害，貴人超多，優點赤子之心。
水特質靈敏，但易不實際，沒穩住破壞力大，優點直覺力強。
土特質豐富，但無持續進步就容易全盤輸，優點好運來得早。

這指的**不是星座**，是天生能力特質，很懂星座未必會變有錢，但你煉金術能力越練會越有錢，而且每個人前進速度不同。
是天生就擅長的，就會很快、無障礙。這也不是宗教，要知道自己是偏向哪類型的，孫子兵法中知己知彼，方能百戰百勝。強者會把原本自己1.0版變更強，變成2.0版，就是跟遊戲一樣，這輩子都在練等級，增強長處、善用長處，方能致勝。

這就是**爲什麼人類要學習？**
天行健，宇宙每秒都在擴張，人沒有道理不前進、不學習，光是站在原地就被地球送到後面去了，電梯搭過嗎？
學習能把原本天生的能力增強，而學校義務教育，目的是把我們能力削弱、社會化、奴隸化，讓我們打從心底害怕學習，但學習是個中性詞，要學我們不會、不懂的，不要中招。

本書最底層邏輯是古老鍊金術，

包含著心理學、科學、宇宙法則、熵定律、孫子兵法。

你的一言一行，宇宙量子電腦都在記錄著，你在前進你的內在世界，純化返回 IS BE的覺醒路上，協助過多少人呢？
如果你只是想成就自己，那要不要加個想法，除了完成小我之外，更要成就大我？

我是 維。
感謝你讓我有機會在文字的世界中，與你相遇。
讓我們開始一段奇幻旅程吧。
煉金術之《翠玉錄Emerald Tablet》13句話，
收錄在本書最後，有興趣的朋友可以先看看。

由來____一切的開始

我寫這本書的宗旨，是爲了傳承成功家族們的祕密，讓你有工具覺察內心、改變外在，協助我們每一個人都擁有更美好的生活，不論男女都適用，可以讓老公變富、或是讓自己變富老公的力量。
相不相信都沒有關係，因爲這個不是要你聽從任何人，而是要你自己找到答案、啟發、靈感、擴張、成長、轉變或感到療癒的機會，我傳承的這些只是一把鑰匙，要如何使用完全取決於你。只要你擁有改變自己人生的力量最重要。

一切你想要創造的，都是有可能的。
越相信越快發生，所以請放掉覺得自己不夠好的想法，任何的自我懷疑都是不需要的，無須害怕、無須擔心。
你早就該開始了，對嗎？
先幫助自己，然後我們就完全有能力協助他人。
所有的過去，都是來造就未來更好的你。
凡事都是最好的安排，感激會帶來幸福的力量。

定義____富老公X窮老公

老公是什麼呢？以宇宙來說，老公就是太陽。
不論窮or富，只是發光發熱的程度不一樣，
因爲窮＆富是一種狀態的過渡，不是絕對。

富呢？不限於金錢，金錢只是現在地球文明指數0.72的一種工具，在高等文明是沒有金錢系統的。

準備出發____商場＆情場都是戰場，不管怎麼玩，贏就對了

若世界是遊戲，很多的「爲什麼」似乎就有方向＆解答。

在正式翻開書之前，請在最後一頁寫下：
你希望在書中獲得什麼？並寫下今天的日期。
最後看完書時，翻到最後一頁，看看是否獲得什麼，並寫下那天的日期，書都是可以重複看的，一次有一次的收穫。

如果你是個有趣的靈魂，你會很愛這本書的。
我們走！！

PART 1

「風之鈔能力」
突然降臨的致富機會
突然發生的愛情故事

機會+好運時機=風

When I entered into the cave, I received the tablet zaradi, which was inscribed, from between the hands of Hermes, in which I discovered these words：
當我走進洞穴，我看到了一塊翠玉，上面寫著字，那是從赫爾墨斯的雙手間被書寫出來。從那裡我發現了以下這些文字：

7. It ascends from the earth to the heaven & again it descends to the earth & receives the force of things superior & inferior.
它能從地面飛升到天空，然後，它還能再降落到地面，積聚上界和下界的所有力量。

Ch01 美麗句號一畫完，翻開精彩下一頁 ____風生水起的祕密

機會＋好運時機＝風

在接觸到比較社會金字塔不斷地往上走的企業主、老闆們。
他們都跟我說一件事：
以前都會相信「只要努力就能出頭天」，
後來漸漸發現不是，
跟學歷、經歷、實力、人生閱歷等等都沒有太大關係。

到了某個地位、身價、高度、收入後，
必然絕對會傾向相信大自然的力量，類似古人說的敬天愛地。

據我目前調查亞洲區的老闆們，相信風水的人：
身價接近3000萬台幣，就非常有興趣。
身價超過5000萬台幣，就是堅信不移。

我接觸過這麼多大人物＆小人物，總結一句話：
「風水起不起作用，主要看一個人德行，符不符合宇宙之道。」

一命二運三風水，很多人想用風水來改命運。

宇宙怎麼看？一德 二命 三風水，
德是首位，因爲德是一個人的根，它決定了人的命運的富窮，
風水是陰陽術，只能改變一人生的小方面，
要想今生＆來生得福報，那就得積德行善。
大人物，積德行善是日常習慣，沒什麼好說的。

小人物，都會以爲自己是大咖，嘴上說助人，身體倒挺誠實的，不行動就是不行動。更多老闆們，私下一定有一些自己的小東西、小寶物、甚至一整個櫃子珍藏。他們跟我說，這是讓他們產生信心、可以激發戰鬥力的來源，很累或很低潮時，夜深人靜看著這些就有滿滿力量。有的就像很經典的雕像、藝術品，甚至我接觸到的大人物們，他們讓我看的大多是玩具。

可能是頻率相近吧。
他們感覺得到，給我看到他們「心中小男孩的眞愛就是玩具」，這件事是OK的。

「眞相，往往非肉眼所見到，要穿過表象看到其眞實意義。」
這些玩具，從公仔、小時候的最愛、生肖藝術品，甚至到他私人飛機的模型。

有趣的重點來了！

那富太太們呢？
厲害的賢內助的祕密是什麼？

男主外，女主內。
哪個內？財務大事那個內，
有錢男人爲何都老婆管錢？

因爲私人空間除了很漂亮、很整齊、很貴重、很明亮，
像電影中的那樣之外，我好奇地請教著：
「明明大家都是人，都從20歲上下開始打拼奮鬥，
爲什麼10年、20年、30年金錢財富就差距這麼大？爲什麼！」

維：「請問祕密到底在哪？」

富太太優雅地說了兩個字：「風水。」
我張大眼睛，超認眞準備抄筆記，她接著說：

「風生水起，
風是運勢，
水是智慧。

沒有風，再厲害的高手都飛不起來，
只有在地上爬、被挨打的份，
你要是能飛，就算你是小貓也打遍天下無敵手。」

維：「！請問要怎麼做，才能風生水起？」

富太太優雅地帶我去看了一些擺設、空間，
告訴我這個是非常深厚的學問，大家聽過的陽宅、甚至最重視的祖先墳墓都是能影響至少三代，有很多人事業難成功，或是爬很高然後重重摔下，翻不了身，都跟風水有很大的關係，尤其是那些嘴裡說要成功，但是鐵齒不信風水的人。

維：「哇～風水到底是什麼？」
富太太優雅地笑了笑：「妳就想像成是古人傳承下來的統計學吧！大自然的力量、牽涉磁場、宇宙、能量、各個時間線、參數、奇數，我們是大自然中的一份子，當然息息相關，當然要依循順勢而爲……」
維：「逆勢則敗！」
富太太：「沒錯，祕密就是如此，是不是很簡單？」

美麗句號沒畫下，你精彩下一頁，永遠翻不開。
也就是說，你的過去沒有做個Ending，永遠只會重複過去，你想成功、想致富、你想談新戀愛。永遠都只會停留在……你想。

每一天都是新的開始，要怎麼不停留在「你想」，而是實現呢？
你做了很多努力但是明天等於昨天，今年跟十年前差不多，到底哪裡不對？

也就是說，你在世界遊戲之中，做了很多事、換了很多工作、談了幾場戀愛，最後都是一場空，也許都在同一個遊戲樓層。

用大樓來說，你在同一樓層。
用宗教來說，你在業力輪迴。
用遊戲來說，你在結界裡面。

這本書不是心靈雞湯，是世界大戰之前的成功策略思維，也就是你思維改變、行動改變，人生就會改變的行動指南，蝴蝶效應養成你的富習慣。

怎樣可以先突破這隱形天花板？
來，貧窮限制了我們的想像力。
愛因斯坦：「打開你的想像力。」

假設世界就是遊戲，遊戲中有編成程序，保持一切運作正常，好來觀測某些觀測。
所以放在一開始來說說風水，風生水起的祕密。

「一命 二運 三風水 四積德 五讀書 六名 七相 八敬神 九貴人 十養生 十一擇偶 十二趨吉避凶。」

以東方角度，風水是第三位。
以宇宙角度，是第五個力量：撓場，是一種非常微小的力量。撓場可以穿越時空，不但可以傳向未來，也可以傳向過去。
隱約暗示撓場可能超過光速。

既然能超過光速也就明示＆暗示著世界是遊戲。
若以世界是遊戲的角度來看，
遵循風水就是讓你符合遊戲設計，最良順的運作程序。

因爲你識相，所以衰事比較不會出現在運作良順的玩家身上，注意，是比較不會。
識相＝認出眞相、識別眞假，不受幻相箝制、不受制約。

因爲我們進到地球遊戲是有任務的，所以勢必有考驗。
但遵循風水或有觀察並符合遊戲程序者相較來說幸運得多，因爲整體而言，越懂得遊戲設計者／大聖靈／創物主的心的玩家，用江湖術語來說就是識相、上道。

上道＝遵循道

「道」就是遊戲設計者/大聖靈/創物主的設計源頭。道生一，一生二，二生三，三生萬物。祕密就是：要從窮老公過渡到富老公，最快的路就是依循道、上道，不斷向善，百年如一日。我依此設計出一套「瞬間引流風水」，協助各個玩家攻上去。

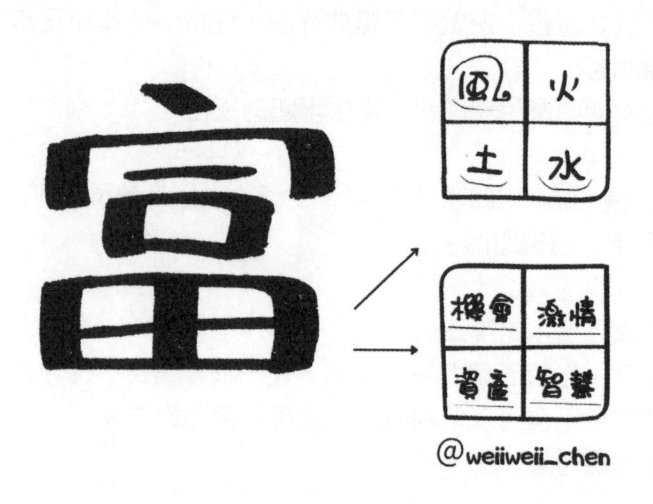

某夏天下午，
我在一場商業談判，與案主們到了幾個地方，要挑選及簽約。走到了大樓的戶外，因爲對方說可以提供戶外區、做院子，
我知道對方是想提高坪效，增加土地使用率、增加營收，
但直覺告訴我不知怎麼怪怪的，說不上來。

對方講得天花亂墜，我們聽得霧裡看花，
其中一位案主是香港人，轉頭問我：「北邊是哪？」
我一聽這四個字，瞬間秒懂。

風水！！！
我邊說邊指向：「現在下午4點鐘，太陽方位是西，北在那。」
然後以春夏秋冬面臨的風向不同以及日曬，坐北朝南、吉位在哪、財位在哪，簡單講給香港案主聽，他頻頻點頭非常滿意。

最後小聲地講了句，價錢漂亮的話可以考慮，不然基本上No。

我總結得很小聲，對方耳朵變超大、聽力很好，案主很滿意這一段，知道我在給暗示，他配合著搖搖頭：「再看看吧。」這案子，最後我們以黑馬之姿，拿到了跟大品牌同樣的%數，敲響了其他商場大樓也要來談後續擴點的動機。更在我心中打響了風水有多重要的價值，我竟然忘記古老智慧早就說明「一切遊戲規則」這麼重要的事情。

很感謝香港案主那四個字的提問，這是首次任務接戰風水，後續一有機會我就不斷請益求教那些因爲敬天愛地、遵循風水致富的富老公家族們，也就是開頭提到的故事，我喜歡收集祕密。他們這麼做、也這麼成功，我當然打從心底欽佩，而如果只會說、但不會做的言行不一的人，基本上我不聽也不接觸。

爲何他們願意告訴我家族致富祕密？

他們白手起家的過程中，有非常多的人等著，等他致富、等著情緒勒索、等著分一杯羹、等著羊毛長長，這種貪心、想要抄捷徑、當寄生蟲的人們，他們江湖走跳見多了。

我每位都會請問：「為何找我？」
他們說：「非常相信自己的感覺、直覺，就是我了。」

但我一定會告訴他們，我會的會說「會」，
不會的我會直說、但是我會找到「誰會」。
重點不是圍點打援，重點是速戰速決，他們聽到這個都會笑。

當困難真的超乎他們預期時間解決時，他們會想要給我更多，他們知道比給我更多的金錢物質，更重要的是給予智慧。

金錢：物質就是1：1。
智慧能以1：10、1：100、1：1000倍數回來。
這是最佳投資報酬率、能送給我最大的資產。
給人魚吃，不如教人釣魚。
這也是我想要傳承富老公家族們祕密的起心動念。

如此就展開一邊協助富老公家族們，一邊榮幸地傳承他們給予的智慧。比別人人生更短的時間單位，我擁有更多的智慧結晶。所以我在這條路上，難關不斷升高，打得怪獸越大，但也因為一直有不同智慧寶物在收集著，所以能在這場世界遊戲玩來玩去、越玩越高樓，我也好奇我能去多高、上面有什麼。

這一切，出發點是「善」。
富老公家族們感覺得到，所以慷慨傳授。
只要是富人特質，必定慷慨，今日不富，他日必大富貴。

爲什麼人要不斷向善呢？這是宇宙法則

你強大，是更要能協助弱小，比給予物質更好的是精神層面的提升，由內而外的，間接且祕密的協助，這是你的文明指數。

更深層的宇宙法則，
你強大，要保護弱小。
你強大，要造福比你更強大的人。

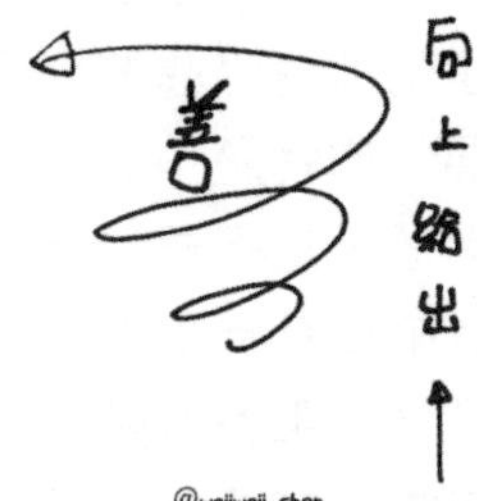

向上給出，才會正向循環，這是物理現象。
若反著做，就會向下走、變窮、變笨、變囧。因爲反物理學運作。不信？你現在用手畫個龍捲風看看。

來講講商業角度，
幾乎所有的公司、企業都想成就一個大品牌，
還有爲什麼這麼多品牌賣得貴、比別人高價，
仍有許多人去追求，以此爲時尚，這就是「陣」的力量。

當一個企業在運作與發展中，經過了慢慢摸索，
從創辦人的願景，逐漸形成了他獨有的企業文化、理念之後，
這個企業就開始形成一個「陣」的初始型態，並有了自己的「脈」，
當企業內所有的員工打從心底認同、肯定、欣賞這個企業理念和願景之時，並開始信仰它時，加上時間，慢慢地企業這條脈就會連接打通，並在能量的加持下，越通越寬，輸送著強大的能量，這個企業從此就有了自己的能量，經過歲月的考驗後，它就形成了自己的生命、一個陣，並不斷完善成形。這過程就是「布陣」，這就是亞洲區百位老闆成功的初始關鍵。每個成功品牌都有位靈魂人物，文明指數越高，越是向善。要成功的玩家，布陣時，切記要上道。

以世界是虛擬的角度，那就是在初始程式編碼時，也就是從宇宙大爆發之前，就全部建立好了，當愛因斯坦發現光速Bug，世界是虛擬的角度就漸漸被發現了，還有量子糾纏都是一種Bug，而天行健，若能遵循，若能敬天愛地，便符合宇宙指標：一卽是全、全卽是一，也就是煉金術那塊綠翡翠石板的最精髓的第一句話，所以窮到富之間過渡的首要任務就是『富老公』必遵循的風水。

不是迷信！也不要迷信，是有科學根據，天地之間磁場校準，對於遊戲程式來說就有基本分，換個角度來說，如果你不信風水、或是沒憑據亂亂做，那對遊戲程式而言，你就可能是個Bug，或是不會放在上升氣流中，就是有的人會說爲何好運不會來、總是錯過、擦肩而過，還有一種很可惜的就是「我很努力但總是沒錢」，業績千辛萬苦拚上去後跟老闆要加薪，結果老闆說「好啊，我先加別人」，千萬記得，努力不等於有錢，方向不對，全盤皆輸。因爲造就了窮神愛你的所有條件，不離不棄。富老公學校教你瞬間引流風水破這關。

Ch1 本章小任務

1.請寫下或畫重點，打中你心的10句話。
2.你的品牌、企業的願景是什麼？
3.你的目標是什麼？寫下參數＝時間＋數字
4.感激帶來幸福的力量，你對哪些比你更強大的人給出過什麼？
5.有關改善事業＆戀愛的十大好風水，請來信索取電子書。

風一樣的機會怎能抓得住or風一樣的戀人怎能抓得住
______逆風就是飛的好時機

在人生中，每個人都必經高峰＆低谷，
這是世界遊戲要篩選人品的機制。
但對我們而言，最難受的就是，
人生處於不高不低、正在滑下谷底 or 在谷底。

我有好長一段時間，身體處於嚴重傷痛中，甚至來到24小時劇痛，已經完全不記得什麼叫做不痛。
那時看了非常多的故事，希望能找回希望，不斷學習、像知名YouTuber老高講的修煉。
劉德華有說過一句，當我們在谷底，那就先好好韜光養晦，耐心等待時機到來。

後來，我發現了祕密！
這是世界遊戲設置的一關，叫做『與己同行』。
在你找到心中那份勇氣之前，只有你自己能先給自己信心。

因爲人生的谷底＝山高，
如果你能通過考驗的話，
谷底能有多低，翻身後，你的山就能多高。

沒有一個成功人士，是沒經過這種考驗的，每個人都不例外，
就像沒有一台飛機，是沒有在逆風情況下起飛的，
因爲世界遊戲想要知道：『你是不是一個好玩家？』
Are you a good player？
因爲這也是個篩選機制，是好玩家，下一關送到另一個等級，某派的

講法就是仙界、神界，因爲想要成就大我。
不是好玩家，下一關送到另一個等級，某派的講法就是鬼界、畜生界，無限輪迴，更難升級，因爲只成就小我。

這是物以類聚分類法，只看行爲、不看言談。
積陰德，有分數。積陽德，沒啥分甚至扣分，就這樣。
這是遊戲規則，沒得韓扣。

在高處，人人都快樂。但在低處，本性就會顯露無疑。
因爲最終世界遊戲只想要優秀的玩家，當明白到這點後，我也發現身體就好像是借來的裝備，我能做的是愛護它、保養它，
隱約感覺到有一天要還裝備的時候，折舊率是一種積分，保持狀況越好積分越多這種感覺。

從那一秒起，漸漸地疼痛減輕，我更專注在「如果世界是遊戲，那很多的『爲什麼』是什麼呢？」
所以我爲何來到這世界上？我是來做什麼的？
不然眞的要我的小命的話，各種意外，還有其他出任務時危機發生時，就把我小命徵召回去就好了，留著我爲何呢。觀測地球人生命力實驗嗎？

還有一些人跟我說，他們在這一、兩年走過鬼門關、生死一瞬間，大失血被急救回來，這種人廣結善緣，世界遊戲不會讓他登出的，救也要把他救回來，因爲使命才要開始呢。
原本上述那段是要寫給一個女性朋友，她在去年11月11日生小朋友時，面臨到這不可思議的旅程，我特別寫這段是爲了不平凡而重生的她。因爲當這發生後，會有考驗來提醒你要「清醒」。
修稿時，特地補上這段經歷，希望大家都要避開這生死關頭：
生日後三天，我的書稿一完成，送到出版社之後，大失血考驗降臨到我身上，女生在月經期間不要吃菠菜，裡面的維他命K是抗凝血因

子，我以爲我在補鐵，殊不知我就這樣短時間內失血將近2000c.c.，身邊能拿到止血的只有梅子，再轉身要去倒水，就失去意識了，連眼前一片黑都來不及看到，冰冷的地板讓我冷醒，我告訴自己「站起來！」，慢慢站好又瞬間倒下了，可以感受到死神＆守護神都在我身邊，這一倒下，摔得不輕，因爲後來好幾週我的上背部、肋骨劇痛不已、頭也腫起，如果我是鳥，就是翅膀的地方，痛到不行，倒下兩次都是沒有知覺的，瞬間抽離，但我有意識到我飛走了，不斷告訴自己「回去。」，因爲摔得很大聲，家人趕到我身邊，身體沒法動彈，幸好梅子救了我，漸漸止血中，我爲了不讓家人擔心，把全身力氣徐徐穩穩地講著話，告訴他們發生什麼事、我現在需要什麼，冷靜是重要的，人眞的平日要靜心，關鍵時刻自然地不會多花一分力氣再不必要的情緒上，但是因爲失血過多體溫急劇下降，又再度飛走，但是這次我說了聲「我飛走一下……」，我不知道要用什麼語言來表達這一切，但是我有意識到所有的時空，還有聽見家人不斷跟我講話，就這樣，來來回回失去意識三次，第四次終於穩住了。人在死亡前，一定會瞬間回顧是否還有心願，幸好線上課程已經上線，可以教人擁有自己的賺錢事業或是更好的夥伴關係，學員也成功見證了，也陸續有新學員加入……。

但是在平行時空的我，眞的死亡，現在就是家人都很悲傷，富老公團隊接手繼續含淚推廣我的心願……新書發表會就取消＆悄悄上架……封面印上「第一本也是最終回」……
在被救的當下，我前兩次是瞬間失去意識，瞬間被抽離身體，完全沒有疼痛的狀態之下，第三次恢復意識是因爲我還是很清醒的知道發生所生的一切，他們呼喚我已經差點要像電視、電影上那樣拍打我了，只有一大灘血泊是溫熱的，我的身體開始冰冷，爲了不讓家人擔心，我徐徐地用最後一絲絲力氣緩緩說話，那時從腳底開始失去體溫已經來到超過身體的1/2，這是死亡的過程，連發抖的機制都沒有了，當時，我腦中只想著我還有什麼心願沒有完成，不是遺不遺憾，不是後不後悔，而是我好不容易走到這了，終於找到一個方式能讓大家快點過自己的關卡，可以不在只是一對一，一個月最多幾個案子，雖然深度地協助到許多大人物、老闆們，但是還有更多的想要成功但找不到門的人們，我想要廣度地＋深度地協助更多人。沒有遺憾，只有感謝老天讓我能繼續這個心願、感謝死神放我一馬。

梁醫生見到我便笑著：「恭喜！大難不死，還獲得瀕死體驗，之後聽妳好好分享這一切。」
我虛弱地說：「謝謝醫生，必有後福，我還眞的差點冰死。」

Dream as if you'll live forever.
Live as if you'll die today.
盡情築夢，彷彿你將永生不死，
活在當下，宛如你將命盡今日。

可是，世界遊戲這種機制，人類不一定會發現，所以有一些類似天使數字的暗示，就是一種訊號。
比如說，11、22、444、369之類的，有興趣的人另外去研究，這裡不細說，總之，這就是世界遊戲要告訴你
你重生了，快想起你是誰吧。

跟著你的直覺力，去追隨高手，他們會告訴你的下一步。你若沒主動，高手是不會告訴你的。因爲主動積極是高手的特質，你沒展現你是高手圈子的特質，就是低手。
高手不會主動跟低手說祕密的，眞理是要自己積極去追來的。

每個人，不用眞的經歷死亡才能獲得重生，在每一天早晨聽著鳥兒歌唱而睜開眼的你，就是美麗的重新開始，在高維度九維世界就是這樣設計給我們三維的，每天每個人都在重生喔！

「重生的你，儘管相信一切美好的可能、儘管去飛，

在你意識到你會飛之前，你的腳就已經離開地面了。」
這個飛，隱喻的是人生上一層樓或好幾層樓。

原來，這是世界遊戲設置的一關，叫做『與己同行』。
越是與自己同行，越會看見答案。
你是誰？從哪裡而來？要到哪裡去？
你簽了契約，來到地球是要做什麼？

若你眞的死亡又重返地球，有一種可能。
據說，在你回到你的星球時，會召開會議，決定你是否要繼續履行這份契約，你可以重新決定，或是調整你的能力，告訴星際家人你需要增強什麼能力，決心夠，就派回地球繼續任務。聽說，像某位宗教的中心人物就是這樣，因爲在時間點到了卻無法展現神力，後來又再派另一位來地球，原本那位就到日本隱居，但是那地方充滿了他的故事，而後來回到地球的那位就能展現神力了。
所以死亡又稱做往生，是有道理的。
以世界遊戲而言，這不是結束，是新開始。
因爲世界遊戲有設定這個角色，集體意識需要。但是你根本不會記得這一切，你只會記得你被搶救回來，其他記憶全消除。

這是世界遊戲設置的一關，叫做『與己同行』
越是與自己同行，越會看見答案。

有一天，
一個酷似黑社會大哥的企業主要慶祝生日，是他50大壽。
他邀請我有空的話參加，開玩笑，大哥生日耶，當然到。

某次聊天時，我們談到企業用人就跟古代打仗一樣，
用兵用將、如何攻心攻城etc.
他事業鴻圖大展中，非常需要將才，所以那陣子一直挖角我。

也剛好他生日，想介紹一些他比較核心圈的合作夥伴們，藉此讓我多了解了解。晚宴是在自己地盤的包廂，也有來自其他國家他的好朋友，快20位，看得出來是他的心腹好友們。

古代戰場上，
男人的武器就是各種武器、裝備、領土、士兵數、戰將。
現代商場上，男人的武器就是手錶、名車、企業、員工數。
大家都在談論手錶，我什麼都不懂，只知道一支好錶最少20萬台幣，到幾百萬限量款都有，還會增值。
我一直聽一直學，這裡的人都好厲害啊～

他們言談中，不會去抱怨，都是在講彼此發現什麼好玩、好投資、有趣的項目，在交流情報。大哥一一跟我介紹誰是誰、做什麼、哪裡來的，我明白，是要我記住這些大佬。我本能地一一記下名字＆樣貌，對，就像《穿著Prada的惡魔》電影演的那樣，誰過來就要喊名字打招呼，但都只能聽一遍。

什麼都不會，至少要有禮教。
用餐完，按照慣例第二攤要去外面，去高樓層酒吧，看夜景。
然後，第三攤要去祕密小店。
一般來說，有錢男人們是在集體位移時，坐在車上時，交流更重點的投資情報。也就是說，換場地時，會說誰誰誰要不要坐我的車，互相會指名，就是個暗號。

總之，這樣換到第三、第四個地方後，主角當然有點醉了，每個人都一直祝他生日快樂，一直敬他。酒吧、祕密小店的老闆也鐵定帶高層來打招呼，主角開心之餘，當然也更醉了。

我是個超級局外人，所以看得很清楚，誰跟誰的地位上上下下，整晚誰跟誰都不交談、誰跟誰特別好etc.。幾個小時下來，我也大概記得每個人的喜好、誰是二代、誰是白手起家。
大哥其實是個白手起家的善良的人，雖然長得比較像黑社會，但是是個重情義的人，所以生意做得好。

在這時，有人看見大哥醉了，便想要離席回去了，其實這是一件再正常不過的事了，但是……

那幾個人說了一些話，反映出他們眞實心意，總之不太好。
我有點驚訝，眞實心意現原形。
後來，聚會圓滿結束，我們讓司機平安護送主角回家睡覺。

過了幾天，大哥又約我見面，談談合作細節。
飯吃到一半，聊起那晚，大哥很開心地告訴我一些核心圈夥伴的回憶，聽得出來，大哥把他們都當兄弟，然後我又想起某些人那晚說的話，心中百感交集。

這時，我把刀叉放下，看著他。
我：「大哥，我很感謝你對我的賞識、還有重要的生日派對邀約，雖然我們交情不深，但有些事還是希望你能知道。」
他笑著：『這麼嚴肅，說啊。』
我：「可能我講完，你會討厭我，但我沒差因爲這件事對你非常重要，我還是得告訴你。若有冒犯，請多包涵了。」

他看著我三秒：「說吧。」
我告訴他，他認爲的核心圈、他的好友之中，有幾位非常值得繼續深交，但是有幾位可能得多加注意。跟他原本看人有點出入，他又追問，我原本想點到爲止，但人家是在做生意的，看錯人損失會很難以想像，我一語不發。心想只好賭一把了。

剛好摸到餐廳的餐巾紙很厚，我畫了幾個小人圈起來，又畫了幾個小人沒在圈之中，全寫上名字縮寫，有的頭上畫問號，因為這些人都在袖手旁觀，拿給他，講了他醉了以後的事情。

大哥看著這些，震驚後鎮定下來，因為我跟他毫無利益關係，但我說這些對我本身風險很大，對他卻是非常重要。
古代戰場有個禁忌，用錯將帥、聯盟錯誤，通通兵敗如山倒。我說了句：請見微知著，不需要相信我，請相信你的直覺。後來，他在核心圈做了幾番江湖測試後，加上他的直覺，果然發現有些潛藏危機的人不安好心，避開了風險。

我這一賭，萬萬沒想到，打開了我的商業007事業。
商場上，沒人是眼線、沒人要講真心話。
但江湖走跳，若採取**雙贏的角度**，就有富老公的基本分了。

#逆風就是飛的好時機

有次與某集團特助喝咖啡時，她說一直很想問我個問題，
她很想知道：我手上到底同時有幾個案子？她想知道何時能排到他們？因為那時我是一人小公司，超級個體加外包時期。
我還真算不出來，講了一個大概數字。
她：「不可能，妳怎麼辦到的？」

我：「台灣有位元老級心理學大師，將近三十年的深厚功力，有一大招叫做『畢卡索原理』，我把它運用在商場，一次畫十幾張圖，每天每幅都畫一些，哪個靈感多就專注那個多一些。」
她：「妳還同時研發產品，一般公司需要用到20人，至少半年時間才能稍微上軌道，妳怎麼1人在3週內辦到的？」
我：「太多事情了，還要養傷，能工作時間比一般人少，我發展出一個『神速力』的方法，是周星馳跟李小龍而來的靈感。

不過最常使用的一個叫做『快速攻堅任務』，也是我傳授給客戶、學員的基本功。」
她：「我知道，就是第一位學員，在戀愛上45天獲得優質好男人。還有品牌新創主，從爛桃花改爲富比世青年企業家的主動認識，這兩個成功故事的招式嗎？」

我：「對。」
她：「我算過，這有100-1000倍效益落差。」
我笑了：「不愧是集團特助，專業！其他諮詢客戶，快的2週、一般平均要45天到半年有明顯不同，看每個人的目標有多大。所以貴公司再等我10天吧。」

若世界是遊戲的角度，用的原理是：『快速攻堅任務』。
要能……快速達成目標，首先……要先清楚目標是什麼。
參數＝時間＋數字
心理學＆宇宙法則都說，人的成功機制運作，關鍵在於：
越清晰＝越容易實現

有一個在金融貿易界的大老闆，
他在45歲之前，因爲抓到機遇、又很打拼，所以擁有台北、台中黃金地段的幾棟房產，現金也上億，可在他人生巔峰之時跌落谷底，房子只剩一棟，其他全部給前妻捲款走了，還留有一堆負債跟小孩，他必須一肩扛起這一切，還要面對社會上的冷暖言語「啊不是很厲害～」之類的冷嘲熱風，因爲他之前在業界位高權重，堪稱呼風喚雨。

我們見面時，我感覺到我看到的是一隻受重傷的獅子。
世界若是遊戲，有些人有守護靈，會陪著你度過難關，
若你隱約感覺有，那是眞的，請呼喚他們。
爲什麼有人會有守護靈？或是說，要怎樣才能有守護靈？
古書記載：孝順爸爸、不吃生食者，兩大特質爲主要積分。

越高分越多守護靈，有機會再詳述於貓特藍提斯二部曲中。

介紹他來找我的，是位40幾歲，前半段人生勝利組的影視圈案主，他也是在別人眼中很早就成功，住大房子的人，但前妻也離開他，留下很小的小孩。這種痛苦是很難啟齒的，因爲對事業形象是重傷害，談過幾次後，他成功轉行。

某次聚會看見這位大他沒幾歲的人，莫名有種英雄惜英雄的感覺，就介紹他來找我，我們才見面。受重傷的獅子，告訴我：
「要東山再起，已經是很大挑戰了，更何況還有小孩要照顧，現在也沒有什麼女生會願意跟著負債、還有小孩的他吧，要東山再起，更沒時間兒女私情。」

果然很痛，但不能這樣下去了……
我問他：「你過往最高的收入，是多久之內？進帳多少？」

我這麼問，是要知道戰鬥力最強時的給出價値有多少？
每個人不同，而當知道這個參數＋時間的話，就容易了。

因爲只要是強者都有個特質：
強者，谷底都會比別人低，因爲他的高度也會比人高。
弱者，從不敢冒險，所以高也不會太高，低只會更低。

宇宙有個質能不滅定律，
套到事業上，白話文就是：你能蹲多低，就能跳多高。
但我發現，在世界遊戲的關鍵重點：**你要跳多久＆跳多高？**

以宇宙而言，
你累積你的能量所花費的時間＆質量，決定了你的信心程度。
可以用10年站起來、花1年、花1個月、或1小時，世界遊戲都在觀測。告訴我，你想要花多久時間站起來？

更有趣的是，我們都會以爲站起來時會是原地，
不，事實上，不進則退，就算你花了一些時間站起來，
你覺得你很快了，但宇宙已經推進到下個進程了。
然後這種類型的玩家，恢復力慢、戰鬥力弱的這種就會更受到集體意識的牽引，個人意識就會薄弱，變成中層玩家，這時若沒有極力拒絕成爲下等玩家或是非角色玩家，沒有力爭上游，就會進到下降氣流，這在道家、易經裡面早已說得明白。

有的人會戀戰，什麼是戀戰？
也就是……失敗了，卻花很長時間沉浸在失敗中。

眞相是：每個人都會失敗，失敗是成功他媽媽。
逆風、逆境都是來考驗是否經得起，如同眞金不怕火煉
過得了關，就叫浴火鳳凰。
過不了關，就是一隻烤雞。

有的人會想：
「爲什麼事業都還是0的狀態，什麼都還沒開始，要想這個呢？」

成功的心法：心態是一切根基。
心態＝大樓的地基。
心態不對，建再高都會塌，地基是歪的。

不然，成功學的書，誰看誰成功。
但事實上，並沒有。對吧？
關鍵生死門在此，沒人點破你永遠不知道，這也是老闆們願意排隊等軍師的原因。

人人都想花幾百元買書，然候想著致富。
事實上，書是一條道路，透過文字的力量進到另一個時空門，
重要的是進門後，要採取下一步，師父領進門，修行在個人。

就像有的人有能力刷臉就能跟老闆、跟明星、名人、跟大師、跟外星人、跟高等文明見面，很棒。
啊？然後呢？下一步行動是什麼？你的強強聯手計畫是什麼？

宇宙法則有一條就在講這件事，我們給出多少是個基數，
將以此推算10倍、100倍、1000倍力量回來。
人人都想花幾百元買書，然後想著致富。
有錢人花重金投資內在，身體力行致富。

世界遊戲有一條給高級玩家的訊息：
『若讓你看見，必有其涵義，要去解密，拿到寶物。』

不然普通人是會被屏蔽的，也就是視而不見，有無形結界在。這是遊戲的機制，它會悄悄地只讓你看見。
所以別管別人，儘管相信你的直覺，那是訊號。

剛剛前面全部都在講「逆風」的定義，
現在要來講講「飛的好時機」的定義。

先不管你怎麼飛起來的，這後面會講到，
也不管你到底有沒有翅膀？還是翅膀被折斷？這都先放一邊。

假設就是逆風來了，你也一跳就離開地表，
你說說你認識的你，在沒有侷限狀態之下，你一飛能飛多高？
剛剛那位受重傷的獅子，就回答我：一年內還清千萬負債。這句話其實還包含著一家大小的生活費，還有他的創業基金，所以遠遠超過這

個數字。那你的呢？

災難過後，
有人重獲新生，
有人未雨綢繆、高築城牆。
其實，就算沒有經歷人生低谷，
但是，確實疫情造成全世界經濟谷底，
所以，每個人都必須轉換商業思維，避開被淘汰，適者生存。

以下，開始進入Web3.0時代生存教戰策略，
先有世界觀＆看全盤，然後再選擇，降低你事業藍圖的風險
×最容易失敗的創業：我會這個，我就賣這個。
〇重點：打造你的品牌＆收集名單，全部作爲朝這2個去。

#最棒的流量是自有流量
Every great dream begins with a dreamer.
地球世界已經從Web2.0時代，邁入Web3.0時代，
就是去中心化，區塊鏈時代到來，這個衝擊改變是不可逆。
也就是說，接下來所有的思維＆行動，全都是品牌思維
Web 1.0 ______1991-2004年
Web 2.0 ______2004-2020年
Web 3.0 ______2020年至今
過往舊思維不可用，我們口中的未來已來，
要經營，商業策略就是要用品牌思維。

若你是線下實體商店的老闆／企業家／經營者，要轉換思維：
網路線上：品牌力＋影響力
實體線下：滿足客戶體驗服務
綜合起來：變成你的商業模式、獨一無二

當價格敏感時＝成本下不去＆營收提不高＝利潤被壓縮
這時你要拓展，拿出Vision＆Passion，往線上打造＋引流客源
關鍵：打造品牌「人們想到什麼？就想到你。」
就是：你是誰？是什麼權威？
Q：線下實體商店，低利潤時代如何生存？
A：因應之道就是BRANDING＝打造你的品牌

Q：Web 3.0，若品牌還來不及成長，萌芽期要如何安全成長？
A：採取孫子兵法的借力使力，若你選擇經營餐廳or其他類型線下實體，你＝品牌塑造者，現在大局是難徵人，房租＆物料成本漲，若你決心還是要走這一步棋，就要順勢而爲，持續打造你線上品牌，因爲人群注意力都在網路上。

注意力＝財源
線上：E-mail_____當潛在客戶被你吸引後，收集E-mail
線下：參數______客戶來到你的店，收集消費行爲參數
利潤＝令人想念的味道＋品牌靈魂

如同令人念念不忘的人也是這樣的吧，想起來心裡會甜甜的，臉上忍不住微笑，就是這種感覺，有靈魂層次的交流，深植人心，你才能做出差異化，專心把顧客體驗＝顧客口碑做出來。你就是你品牌的靈魂人物＝你想呈現給世界的是什麼意義。

以世界遊戲的角度來說，就是朝向IS BE的必經過程。
Web3.0時代，或是說水瓶座時代，就是來加速這個進程。
最眞實的你是怎麼樣的？如何在這個世界發光？
不管你多特別，一定有跟你頻率相符＆喜歡你的人群在等，
等你出現、等你發光、等著你。
你要做的事情就是：「展現最眞實的你，活得很快樂。」

記住，我不是說最好的你，我是說最眞實的你。
記住，我不是說假裝活得很快樂，我是說眞的很快樂的你，
只是天氣很好就很開心、對老太太微笑打招呼，這種就算。

很難嗎？一開始不太容易。
我在頭受傷那段期間接了一個案子，那位影視圈名人有憂鬱症，他說了一句話：看我比看心理醫生有用多了。
這句讓我不可能放掉那個案子，對方的狀況非常嚴重，
但是我的也不輕啊，我想到平行時空這件事來幫助我做抉擇。

若是我專心休養，等於是放掉這案主，他可能就往下墜，
他是個有影響力的人，所以不只是一條生命的意義。
若是我同時兼顧呢？若是其他可能性？
平行時空有各種可能，我最後選擇了會雙贏的那個時空。

考驗又來了，我發現只要每次諮詢完，我會憂鬱，極度憂鬱到想要往生的那種，徹夜難眠。再加上頭的傷勢嚴重，眞是雪上加霜的零界點。看了維思維才知道，原來我有共感人體質，感謝維思維用心製作的影片。
所以，我想了一個方法，我稱之『A面B面』

在我還沒辦法完全掌控共感能力的狀態，我用這招快速過關。
實際上怎麼做呢？
就是我們會發生大大小小的好事、壞事，但是呢，大部分我們都只記得不好的事，會去跟別人討論這些不好的事情，
以宇宙來說，就是吸引力法則，你越去想、越去說，宇宙以爲你喜歡，就會給你更多，然後你就覺得，怎麼變衰尾道人、遇到渣男渣女、被騙錢、掉錢、錯過好機會、失去好朋友etc.充滿了人生，無限循環制約。

對我而言，不好的事、傷心難過的事，這些負面就叫『B面』
好的、美的、幸運的、快樂的、可愛，這些正面就叫『A面』
只要一有『A面』就馬上記下，所以在我手機、電腦、記事本裡寫著哪天發生什麼好事，有空就會看看它們，充滿快樂。

只記下所有『A面』，大大小小都可以，小到包含撿到錢、看見帥哥、跟正妹講到一句話、摸到一隻貓、聽到一首好歌、一個好笑的梗、一個心電感應、一個好天氣、一朵可愛的雲。
『B面』就不用了，連記憶都不需要。

大家可以試試，久了希望你也充滿幸運，變成幸運引力中心、帥哥磁鐵、招財貓體質、正妹最愛etc.。

故事的後來，名人康復了，我繼續治療中。
但我們都很有收穫，感謝當時的我選擇了雙贏的平行時空。
某個角度是我協助到那位名人，他很感謝我的存在，
但眞正獲救的是我，這就是一即是全，全即是一的涵義。
我救了你，也因爲有你，我也獲救了。
切記，要去向上貢獻一己之力，集體才會往上。

有關共感人、心電感應之類的能力運用，
日後若有機會再寫在貓特藍提斯二部曲。

忘掉「地球很危險的，快點回火星吧。」
地球是很好玩的。

反正我們現在也出不去，好好享受你的每個當下。
你可是萬裡挑一才能來到這裡，我們永遠不知道花了多少代價才能來這裡，珍惜遇到的一切，所有的相遇都是有意義的。

#風一樣的機會，怎能抓得住？
or風一樣的戀人，怎能抓得住？

風應該不是用抓的吧？

風在賺錢方面，隱喻的是運勢，
再厲害的高手沒好運，就會感到懷才不遇、被埋沒。
風在愛情方面，隱喻的是頻率，
再心動的人頻率不對，就會感到相愛容易、相處難。

宇宙法則：我們不能改變別人，但是可以改變自己，通過改變自己進而正面影響他人。

改變什麼呢？改變你的節奏
快速攻堅任務＝先小小地躍起，產生信心。
信心從來不是口號，信心是有所作爲，行爲帶來信心，去做、去學、去練習，把不會的學會，富老公積分都是看行爲。
你的一小步，未必是人類一大步，但一定是你世界的一大步。

這一關在世界遊戲叫做『與己同行』，考驗你的戰鬥力指數。
因爲在風之鈔能力，風會送你上去，叫做機會。
反之，風也會讓你下去谷底，觀測人品。

當玩家看透這一切，坦然面對所有，不論在人生高or低，你是意氣風發的大老闆or衰尾道人時期，全都是待人以誠，富貴不能移你的人品，以和爲貴＆心存感激，放心，風會來助攻。

在世界遊戲中，有五維空間，風在那稱作 風神。
而我們在三維世界，只有一種人能招喚 風神來相助，就是積陰德行善之人，風神會觀測到他的能量與其他人不同，他的光譜不同，他會發光，然後風神就會看見他，在關鍵的時候出現。而五維空間說白了，就是虛實之間零秒差顯化於物質世界。光譜能量這件事，在100年前的科學之中，就有證實，這是科學、能量學、宇宙法則。若你以爲是迷信，請更新腦袋。

所以，不因善小而不爲，更不要因爲沒人看到就做壞事，還有一種扣分很重的，就是袖手旁觀型，那個人有能力出手相救，但是卻眼睜睜看著讓不好的事情發生，古人云：天知、地知、你知、我知，就是宇宙超級量子電腦觀測中的意思。正解：世界若是讓你遇到、看到，表示有其意義，考驗著你是不是個好人。用古話八字來評分，就是：忠、孝、仁、愛、信、義、和、平這八個面向，四個字來說就是天地良心，兩個字來說就是良心，行爲是一切衡量標準。有沒有時刻都在向善，做好一切你能做的，更好的是**能不能做得更好**，凡事問心無愧，切記也保護好自己。關心別人之前，要先關心自己。

= Ch2 本章小任務

1.請寫下或畫重點，打中你心的10句話。
2.開始你的『A面B面』，紀錄日期＆發生的好事。
3.你的目標是什麼？寫下參數＝時間＋數字
4.沒有侷限的話，你想要帶給世界什麼意義？
5.眼看四方，耳聽八方，做好事只是個習慣，積陰德不要宣揚。紀錄起來別人對自己的點點滴滴的好，列下感謝的10件事。

Ch03 你有想過你要贏嗎？
保鑣咖啡

有一群人，人生中很拼、很盡力，大部分的時間都花在工作賺錢上，但進步始終不大，賺差不多的錢、談差不多的戀愛。

戀愛掏心掏肺、對對方很好，結果對方還是要離開。
工作任勞任怨、使命必達，結果加薪都沒份、裁員都有份。
事業拼死拼活、夙夜匪懈，國父 孫中山先生都感動了，但客戶就是不感動、不買單，甚至還客訴。

結論就是，不論是戀愛or事業、工作，都是付出與收穫落差很大，但又不想放棄。
態度100啊！
這問題出在哪？

靈魂拷問／眞心話時間
你有想過……你要贏……這件事嗎？？

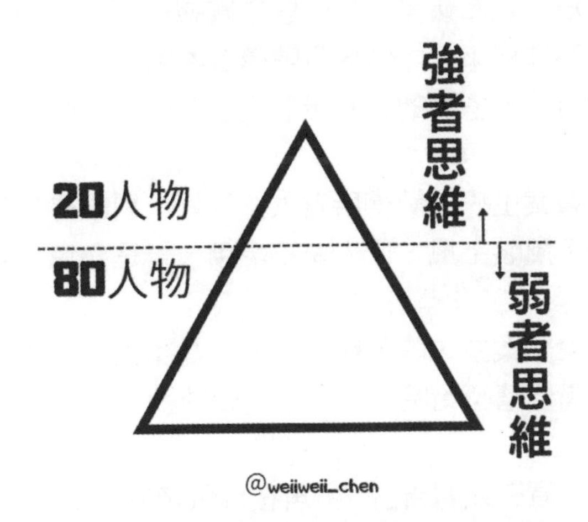

話說，我賭一把後，打開商業007這條路後，
大哥三不五時，有重要場合都會找我出席。

#保鑣咖啡
世界好小，我想起來，曾經有一位算是在某界顏值比較高的，他約我喝咖啡談事情，但是我看到窗外有3個保鑣，店裡也有，這咖啡喝得眞是像在拍電影。

故事發生在我剛剛開始商業007沒多久的時候，
那天，案主說有個聚會要我參加，
當時我的任務就是……當案主老闆的眼線，
我長得很路人，所以根本不會有人起疑心，太適合當臥底了。

當晚那個聚會，來了海內外的數名身價不菲的企業家，
大家的錶，要不然是世界限量的名錶，就是家中有一堆名錶的人，總之有錢人的世界，比得不是錢，那都是簡配。

當天，有個重量級人物要來一段時間，他們都超期待，
就是這個主角，這些商業大佬都期待見到這後台硬的年輕人。
而這種場合，爲了調和氣氛、打一些煙霧彈，
都會請一些漂亮妹仔來，她們負責嘻嘻＆哈哈，
但我也看過白目的、多嘴的就直接被請出門。

我的任務除了幫案主……記得所有人的喜好，看誰是誰的剋星、誰會聽誰的、誰是下風裝上風、此人堪不堪用、誰是內鬼、誰才是低調眞Key man。
還要即時打Pass給案主、瞻前顧後，所以基本上我不太說話、也不太需要說話、不需要嘻嘻哈哈，微笑著用餐執勤。

飯局到一半，一直有人報告說...主角在倒數幾分鐘要到了，

果然，他一到來，所有的企業大佬原本嘻嘻哈哈，瞬間畫風就轉了，全場焦點只看他一個，然後現場妹仔都忘記自己是來工作的，都滑到他身邊，因爲這位主角的氣質＆顏值很不一樣。

當然，保鑣把她們擋下來了
而那種妹仔也被列入以後這種高級場合不准出現的名單。
他只會待40分鐘，用餐、交流，來請大家發揮影響力協助他進軍政壇，企業大佬也想賭一把人際，中了以後商場多關照，彼此交流著重要的未來合作價值。

我在做什麼？

我用著我的餐，看著他們、聽他們說話，
一整張大長桌，我坐在正中央，
這位故事主角被安排坐我對面，
大家都像孔雀一樣想要吸引他的注意。

看得出來，他很緊張，
全部的人七嘴八舌在跟他講話，
明明是頂級大餐，但根本哪有在吃飯的，
女人都想摸摸他、男的都想跟他攀上關係，
他的外套拉鍊，拉到超高，都不敢鬆懈，
我很輕鬆地坐在他對面，因爲根本不會有人注意到我。

但是，突然有個人對他說了一句挺不禮貌的話，沒辦法，他生下來就是某個色彩，他應該從小到大都在面臨這種比較激進的狀態，但是仍保持風度＆氣質，我跟案主同時對看：
「這種人怎麼會放他進來？！」
那個沒禮貌的人又繼續進攻，因爲剛剛他覺得漂亮的妹仔竟然一看到這位故事主角就沒再理過他了，場子漸漸從熱絡變向尷尬，孔雀中竟然出現鬥雞？！
故事主角只能微微笑，然後給他一個制式反應，
那人又繼續展開第三句的冷嘲熱諷。
故事主角還是只能微微笑，然後再給他一個制式反應，
看得出來他快招架不住了，但也不能怎麼辦，
好像家族給過他回話SOP的感覺，
超過SOP的部分都不能說，那樣。

那人開始低俗地呵呵笑，準備要繼續講點什麼，我看著案主臉色漸漸結凍，這局地盤是他的，大事不妙，又看到那位主角微笑快要瓦解，我受不了這種搞破壞的人。
正當他在那邊呵呵笑、換完氣要講話的時候，我就把刀叉放下，接著他的笑聲跟著笑了起來，直接笑聲蓋過他的講話音量。哈哈哈哈哈……

對，空氣瞬間凝結，沒錯！如果他有自知之明，他會看到他就是這麼令人不敢恭維，難怪妹仔不想理他。

場子安靜後，
接著，我就輕輕拿起杯子對著那位主角，直接幫他把心裡話講出來，牽涉到機密就不細說了，大致上就是幫他用很直白又幽默的話語，回應剛剛那個人。然後代替案主說出，非常榮幸今天他能大駕光臨，祝他前途順利，還有剛那些企業大佬我又一一唱名，說未來合作愉快&萬般祝福之類的吉祥話。
大家被我那個哈哈周星馳笑，後面又反轉氣氛、還記得所有的人名字，全場整個傻住了。
但是……
那位主角笑了，終於笑了，
他拿起杯子站起來敬我、敬大家，
之後大家又回到剛剛和樂融融的狀態，繼續交流。

我就回到剛剛的模式，繼續輕鬆地用餐。

之後，那位後代跟案主問說我是誰，
案主很高興地介紹說我是他團隊的人。
後代直接就跟案主要我的聯絡方式，
擺明就是要挖人，結果案主又不能不給，他是貴賓，
只好要他當面問我本人，然後在旁邊一直使眼色。

我：「反正我都是簽約出任務，我沒差。」
「時間能配合＆工作有挑戰性，我可以考慮考慮。」
案主更著急了，那主角很開心。
然後聚會結束後，他很快地聯繫我，約我喝咖啡談一談。
身爲一個女生！！
心中想的是……會去什麼祕密的高級咖啡廳嗎？！
台灣有這種地方嗎?.！都會是什麼樣呢？！

沒想到，出乎意料，帶我去一間很藝術氣息溫馨的小熊抱枕咖啡店……好吧，雖然跟想像很有落差。
不過後來想一想，嗯……這樣確實比較安全，
因爲我看到窗外至少有3個便衣保鑣在巡邏，
心想：「啊……這是我人生中最後的咖啡嗎？」
不要問我怎麼知道他們是保鑣，你要是看到鐵定也認得出來，會格鬥的人就是有一股戰鬥氣。然後，小熊咖啡廳裡竟然也有，實在是太格格不入了，我心裡很想笑，因爲太可愛了。
但是我在工作，還是要切換專業模式，
原來他希望我加入他的幕僚、或是前線，
也謝謝我的即刻救場，問我怎麼想到的。
我：「也沒特別想什麼，就是人生沒有套路，會贏就好。」
這咖啡喝得眞是像在拍電影。

那天之後，隔沒幾天，要第二次面談，
我還沒答應呢～～～我還有自己的人生規劃要走，
他說就先來談談嘛，再做決定也不遲。

所以還是去了第二次面談，這次就真的是高級隱密的古典石頭餐廳了，這次見的是他太太，非常漂亮、年輕有氣質的女人，是個企業家。年輕的夫人帶著她的好朋友，兩個人一起面談我，也談到那天晚上聚會，謝謝我的即刻救場，問我怎麼想到的，這次我就沒講那句很帥的話。
我直接說：「那人有點逾矩，男人在工作應酬時真的很辛苦，他的身分地位又不方便說什麼不得體的話，我只好代勞。」
因爲我想任務順利收工，早點回家。

後來聊了非常多，她那可愛的朋友還加了我聯繫方式，雖然故事的後來我還是婉拒了，因爲我有其他想實現的夢想。

不過後來每次在各種海報、電視上看到他，
都會想起這段有趣的經歷、那杯保鑣咖啡。

這段故事要說的關鍵是……
「人生沒有套路，會贏就好」

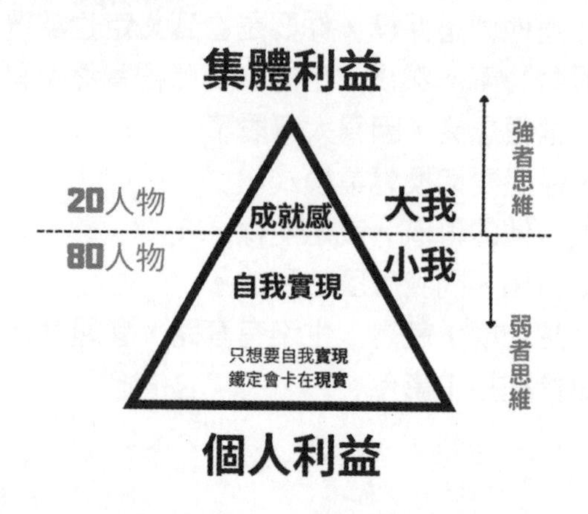

靈魂拷問／眞心話時間：
你有想過……你要贏……這件事嗎？？
關鍵：不是贏別人，是贏過去的自己。
不論是你自己的事業or愛情？

你心中有個非常嚮往的工作模式，事業高度，每次看到別人擁有就很羨慕的？
Or你心中有個理想嚮往的愛情狀態，默契溫度，每次想起來總會很有期待感的？
很多令人看不懂的成功人士，像以前在學校，總是有同學，輕鬆考、拿滿分，爲什麼會這樣？
大家看到的世界基本上分兩種，以高度來分就是20／80人物。
80人物大多弱者，看到此事，只會認爲：他運氣好。
20人物大多強者，知道事實：他不只好運，還非常樂觀。

弱者思維，傾向**嫉妒**優秀的人，說比做得多，**滿腦**想走捷徑。
強者思維，傾向**羨慕**優秀的人，做比說得多，**滿心**要變厲害。
這裡破解一個迷思：沒有一夜致富這種東西，做人切記不要貪心，不然落入了貪的循環之中，會產生更多的結界與小人。
巴菲特說：人是慢慢變富的，一般來說是50歲。
所以，維說富習慣是關鍵。從窮老公到富老公是種過渡時期，也是古老煉金術說的純化，一次又一次地用時間淬煉而成。

事實上，成功之前會不斷失敗，是很正常的，這是考驗期，以世界遊戲的角度來說，是在訓練這些：
『成功前的醞釀期 ＝ 執行力 × 續航力 × 心理素質』
有智慧的玩家會避開這些，直接去找比他更高已經破關的玩家虛心求教，高手引進門，修行在個人。高手已經穿越奇異點，當然要請人點路，不要自己花時間瞎子摸象，浪費時間＆金錢。智慧不夠的玩家就會喜歡自己撞破頭，千辛萬苦當吃補。

我合作＆研究超過100位老闆＆老闆娘，這些人資產總額上百億，這裡給各位一個珍貴的成功參數：
要成爲20人物的醞釀期，7年失敗狀態都是常見的，很多人過不了這關就敗退。80人物的醞釀期，就短多了。兩者差別就是目標、格局的大小。20人物的最低線是億字輩，80人物的目標是幾十萬、百萬卽可。

20人物，看的不是金錢，所以金錢會追著他跑。
80人物，盯著金錢看，所以金錢長出四隻腳跑給他追。
還有一種玩家，盯著人性弱點、利用貪心害人的，金錢會長出一雙翅膀，飛過來又飛過去，錢留不過夜，大進大大出。
所以想要成爲富老公的你們，目標成爲20人物的心態，要有長期抗戰的準備，3-7年失敗狀態是常見的，記得這是必經過程，韜光養晦，在上升氣流之中要到平流層，勢必經過亂流層，這是大自然現象。書中有大大小小告訴你們各種準備，可以用筆圈起來，在眞正變富前，陪你們走過、鼓舞自己，終至強大。

以世界遊戲的角度來說，訓練＆累積到某個時刻，會來到：
『卽將成功前 ＝執行力 × 續航力 × 爆發力』
這段時期是最痛苦的、是零界點，就像“黎明前的黑暗最黑。”

在最煎熬的時期，
到底自己是爲了什麼在努力、在奮鬥、在拼命、在堅持？
全世界都不懂你沒關係，因爲你在『與己同行』
但一定要站在自己那邊，一定要爲自己加油打氣、鼓舞自己！

尤其女生、女人們，當開始想要尋求別人的鼓勵、讚美之前，請回來看這一段，內心要強大起來，第一件事就是要先學會鼓舞自己、先喜歡自己，女人不是負債，要把自己變資產，第一步怎麼做？拿起心愛的筆、圈起妳喜歡的字句，繼續看完書。

不論男女，若內心沒有先強大起來，
你的品牌影響力絕對出不來！因爲市場將感受不到你。

那年，
有個不到27歲的女創業家來聽我的一場演講，她知道自己有著濃厚的創業魂，雖然當過2年員工，她也知道這是一種訓練，可以激發＆更確認她就是想要創業自己當老闆的心。

那場次結束後，那位女創業家積極地留下聯繫方式，她眞的很想成功，才一年她資金快燒光了，她再不有點突破，就要回去當員工，重返非角色玩家的生活，還趕上一波裁員風，雪上加霜的處境。她來約我，說要學某樣Pitch如何成功，也想要政府當一年靠山。請益我是如何辦到的？她原本覺得年紀更小很多，我開玩笑說：「老高有說，修煉吧各位。」談話沒多久，我就發現她爲何創業＆當員工兩件事，不斷地反覆循環。當員工存資金，就離職去創業，資金快燒光，就回去當員工。就像一般創業家不斷學東西，但對資金、人脈、打通商業模式etc.都沒有用，典型的創業倒閉，做了很多事情，忙東忙西，但事實上都是一些花拳繡腿、拳拳華麗、都沒中要害。

我看著她，是個令人喜歡很可愛的女生，我就直言不諱。
我：「妳學這些是爲什麼？爲何都不用？」
她：「一開始，都覺得這些能讓她的品牌有更多的IDEA把產品做出來，後來發現只是浪費時間、浪費錢。」
我：「是它沒用or妳沒用？還是聽個感覺良好？聽完覺得功力大增，靈感送上門？」

我其實知道那些課不會有太大用處，因爲一個關鍵，含金量很稀釋，包裝華麗講很淺，重點是跟市場、買方、沒有太大的關係，簡言之，就是沒辦法精準打擊，就算做完，也不會賺錢，她只是花錢買心安，事實上除了燒錢什麼也沒進展。

怎麼分辨呢？很簡單，教各位一眼識破，
之後各位創作的產品or服務，也要避開這雷區。
是市場思維角度嗎？＝用戶思維？＝買方好處思維？

×因爲那些課含金量很稀釋、講很淺，所以一定會包裝華麗。
〇會賣座、收入好又高，絕對是傾向更簡單、聰明、好用。
〇讓人容易懂、好上手。EX：手機、電腦、烏克蘭武器etc.就是這樣制霸的，也就是說，之於各位，白話文就是：

你有多強、就直接展現最強的你
在產品or服務上
然後，站在對方的立場100%爲他著想

不要怕市場買不起！
有錢人or願意付錢的or慧眼識英雄的，這3種人多得是！

等你拿出最強版本的你，就會開始遇見他們。
你就會進入強者的世界，
只怕你拿不出最強的你。

而且不用怕你展現了最強的你之後，就江郎才盡了，
只有不斷掏空自己的人，才有進步的空間，才能擴張，
這是物理現象、心理學、科學、宇宙學。

世界遊戲的角度來說，
當你展現最強又最爲集體利益著想的那個版本的你時，宇宙大門將爲你打開，所有你需要的、缺乏的資源都會一一現身，在恰當時刻助你一臂之力，你可以稱之爲運氣、或向宇宙許願。

我在第一次跨界到線上服務時，總共花了30多天，把線下智慧結晶轉

化為系統，並成功打通商業模式，不約而同某兩位學員都告訴我同一句話：「在人生最需要的時刻，我剛好出現。」更有一位在第45天達成自己的里程碑，她感動萬分、我更為她喜悅無比，原本以為要很久的夢想，經過正確地步驟，就能實現。我常說賺錢是門科學，你只要照著做，結果都可預見。
電影圈＆心理學有句名言：語言有千百種，感覺只有一種。
他倆這樣對我說，在我心中其實也是同樣的感動。
這就是意味著：「一卽全部，全部卽一。」

IS BE，發光，需要你的人們才能找到你。

換句話說：你若想要一直變強，不斷超越過去的自己、去年的自己，很簡單，就是一直展現最強的你。我是說，精進在你的產品or服務上，做人的話，謙虛＆低調為上策，因為天外有天。

而這個關鍵就是祕密通道。

市場最大需求＆你能提供最強的＝黃金交叉點

賺什麼錢都嘛是叫做賺錢？
富老公Style朝向：利潤＆時間成正比，沒想過退休。
窮老公Style走向：利潤＆時間成反比，體力沒了，只好退休。
商場用語：定位、立基點、利基市場、商機etc.

這裡再破解一個商業迷思：
只要事業，是用1.體力、2.時間、3.腦力etc.換來的，就一定是手停口停。沒有累積就沒有廣度，更沒有深度/深耕，就不構成格局的基本要素。

富老公＆窮老公的過渡之一『格局』

要選擇有累積的事業，朝向系統化，才能利潤＆時間成正比。
這就是爲什麼我們會沒時間，還有做越多存不了錢，甚至於燒錢速度比賺錢快，一直被追著跑，很沒安全感。

宇宙能量學：錢是一種能量
收錢＝收能量＝能量互換

富老公們之所以富，金錢富、時間富、成就感富，是因爲一開始就決定好，拒收負能量，因爲不想做大後，兵敗如山倒。那如何選擇服務的市場＆客群？先不論收費定價高低，
因爲最終是朝向廣度、格局拉大，定價後面會細說。
錢是一種能量，能量×速度＝成功到來之日。
也就是說：你的小小習慣，可以改變成功到來的速度。
蝴蝶效應＝富習慣。
原則：該花的＆該收的，越快越好。
關鍵：跟你有錢沒錢時，沒有關係。沒錢時，更看重這。
還有個祕密，若你覺得眼前這個人比你有錢、比你會賺錢，務必請主動地、積極地請他吃飯，千萬不要讓對方掏錢！你若是讓他請，你離富老公狀態更遠了。

很多人問過我，我當商界007，怎麼跟大老闆們開口收費的？
我知道他們想問的是什麼，這整理在後面『土之鈔能力』篇幅再細說，簡單回答就是：收費方式1次付清，沒合作過的，最多2次，收費後行動。爲何如此？
我發現這是一個最簡單、對雙贏來講最好，也最不耗能的方式。後面正式作戰還需要花費大量心力，要隨時保留好最佳狀態。原理就是剛剛說的宇宙法則：
錢是一種能量，能量×速度＝成功到來之日。

重點：

你的責任是，在客戶付費給你前，讓他知道：

1.你能解決他高價值的問題＆痛點，關鍵是用金錢損失來談、用參數來談，你才會贏，你贏他也才會贏，最終才能雙贏。

2.要找你合作，表示他得先足夠信任你，不然參數不夠，你會很困難，然後合作不愉快的機率就增加了。正確做法是：提高彼此的信任感，正式合作前，你的責任是讓他對你足夠的信任，這也反映在付費速度上。這也預示著，他有多重視他的問題被解決。這是大原則，源頭先篩選。

不是誰，都能成爲你的客戶的。若是這樣，影響商譽。

商場情場，都是戰場
商場不通，情場來解

兩人掉入愛河之前
正所謂：談戀愛的談

重點：

正式交往前，讓雙方知道：

1.雙方的存在都是高價值的，尊重＆信任彼此是基本。
2.要戀愛，表示得先足夠信任彼此，不然認識不夠，會很容易吵架，然後交往不愉快的機率就增加了。正確做法是：提高彼此的信任感，正式談戀愛前，你的責任是讓他對你足夠的信任，這反映在心情愉悅上。這也預示著，他有多重視你這個人。這是大原則，源頭就先篩選。

不是誰，都能成爲你的戀人。若是這樣，容易掉價。

祕密通道：市場最大需求＆你能提供最強的＝黃金交叉點

市場最大需求＝？

你能提供最強的＝市場願意付最高價給你的＝市場會買單的
＝你能長久做的＝你能提供最高品質的

我們來發揮一下想像力，
爲何都說「財源滾滾」？

財＆水，有關：**水＝智慧＝能量**
大家都說，腦袋決定了收入，不過這句適用200萬以下收入。因更深一層，**富老公的講法是：智慧有多少＝財富有多少**

那爲何有的人，腦袋很聰明、高材生，但沒有錢呢？
因爲，聰明不等於智慧，就像井水不犯河水是兩件事。
而自視甚高聰明的人容易犯的錯，就是老天賞金飯碗，但他偏要拿鐵飯碗，可惜了一個人才。

富老公都是接了老天賞的金飯碗。
有關這一些，之後『水之鈔能力』篇幅再細說。

＝ Ch3 本章小任務

1.請寫下或畫重點，打中你心的10句話。
2.你現在的賺錢模式是否踏進商業迷思，手停口停？
是用哪個？（A）體力、（B）時間、（C）腦力
3.你能提供最強的，產品或服務是什麼？沒錢你都願意做的？
4.不論事業或戀愛，你有想過「你要贏」嗎？不是贏別人，是贏過去的自己。你停住卡關多久了呢？

心跳是訊號
＿＿好事發生前兆，商機敏銳度

在我人生漸漸開始進入到夢想工作時，我的傷勢還未完全好，但我不再說、不再提，別人關心我都一語帶過。

因爲漸漸發現世界遊戲機制時，人家以爲是關心的話語，我不希望人家擔心都會說：快好了、幾乎好了。
然後隔天就會疼痛不已，每次都這樣，讓自己更是難過。

從另一個角度，我發現眞的關心的人知道一次後，就會用行動實際對我提供助益，不會再多問，因爲用眼睛都看得出來。
從世界遊戲來說，提醒著我，多去先關心別人。另外，有口無心的問話不要回應，解藥就是直接主動地去關心周遭的人，就不會有過年時親戚的聊天會讓大家困擾的感覺了，兵法戰略中的先發制人，武器是關心。

傷勢未好，我已經漸漸開始夢想工作，飛來飛去、自由選擇時間與喜歡的團隊工作的狀態，我經常回顧在這時間點之前，我到底做對了什麼？能有這麼幸運的工作。但疼痛時，就會反思著我到底做錯了什麼？能如此疼痛到不行。
就是這種天使與惡魔，正面與反面的思維，同時存在的時期。極好與極壞並存。怎麼破解？

幸好，我從小有個興趣，就是寫故事。當我一有自己的時間，我就會盡情地繼續寫故事，以前也幻想著在世界各地、美好風景的地方，喝杯咖啡或是美酒，敲著鍵盤。
在這夢想工作之時，我也沒放棄這件事，雖然我不知道寫了之後會如何，但寫的時候，讓我忘記身體的疼痛，最棒的止痛劑、最佳療癒，就是緊追著自己的夢想。你的夢想是什麼呢？
某富老公家族告訴我，這叫既視感或是類似預知未來，就是小時候的我可能就知道這件事會發生，然後這感覺非常美好，讓我的心非常嚮往，所以大腦用個名詞告訴我這叫夢想。
我不知道正確答案。我只知道不要放棄小時候你的愛好，那是一個最純粹的愛好。但有趣的事情發生了，我每次寫在故事裡的人或是橋段，有些會出現在現實生活中。

甚至於，我後來把這個能力用在商場上，破解老闆們的難題，我把這個開會、聚會的場景，寫成如何劇情反轉會贏，就可以逆轉勝。什麼時候誰該說什麼、做什麼關鍵動作，就會贏，我會先預告將發生的一切，老闆們都很愛這招，當然在寫的過程不是很容易，但很有趣。所以老闆們都很聽話，除了硬仗輕鬆打很好玩，還能激發他的演戲細胞，事實上，我只是助攻，會贏才是重點。

某年，
我要時常去香港，那時我去都是想要快點白天任務結束，爲了晚上能去某餐廳用餐，因爲聽說周星馳都會去那，是星爺最愛餐廳。我之前寫某故事，有個最重要的角色一直想不到借鏡模擬的人，突然有天看到星爺的電影，然後那時期連看好幾部，還把《美人魚》那片連看無數次，每次看都有不同角度的收穫，然後就想到這最重要的角色、擁有改變星際能力的人一定就是他了，地球很危險他還是要來。

不過，怎麼可能遇見他，但人生要有夢想最美，不然跟鹹魚有什麼分別。有！鹹魚還能吃，沒夢想的人言談讓人倒胃口。
爲了能有時間見到他，工作都升高一個維度處理，又快又好，不然過幾天又要飛走了。

後來我再去，餐廳大姐都認得我了，因爲一個人又不會說粵語，只會一句「會聽不會說」自己去餐廳超顯眼，她們都會熱情地給我功夫茶，讓我坐在專屬角落的位子，因爲他們都知道我去等人的，雖然機率微小，我都坐非常久，然後再回到維多利亞港看海許願，一大早再跑到全是老人服務生的蓮香樓茶餐廳吃早餐，時間夠就散步，沿著地鐵路線，從彌敦道往北走把九龍半島能走的走過，及港島由西向東比較精華的地段都走過，走回店裡、走回公司裡，在這麼夢幻的時刻，我的腳傷也漸漸康復，因爲眼前的美景、人文、歷史建築、溫暖的陽光與城市海風，都給了我復原＆活下去的勇氣。

以世界遊戲而言，散步類似一種靜心，看海也是調整頻率、心夠靜可以接宇宙天線，接到遊戲關卡看到怎麼破關，現在若是我等級不夠的部分，就會屏蔽、不讓我看見，或有看沒有到。

也因此，我又發現了一個天大祕密。

若世界遊戲觀測到我的值＆質可以了，就會開放讓我看見某些訊號，跟電動裡問號or驚嘆號一樣的感覺，然後觀測我會如何。
這就是之前做了什麼導致維度不同了，或是說高度不同了。

我一開始還是不敢或是想很多，總之沒有辦法即刻行動。
但是某次認眞跟自己談過後，這只有兩種結果，行動後若失敗，那也跟現在這一秒一樣，那根本沒差。但是，我若成功了，那就有可能切到另一個時空了，這太棒了，走！

星爺就是一個經典的老天賞金飯碗，他接得非常好的眞男人。
在我心中，他就是位成就感滿分的富老公。
什麼？你說富老公一定要是某人的老公？
不不不！親愛的朋友，還有一種優秀男人是「不專屬某人的富老公」，宇宙很大的、智慧不要受侷限。

他的經典作品們，從小人物翻身到大人物，雖然很苦、很心酸，但都盡力做好眼前當下的人生角色，苦中作樂對於世界遊戲而言，就是種完全接受，來到滿點之時，就會翻身上去。他透過戲劇告訴我們一切的祕密，喜劇是最難的，是一種心與心的共振，靈魂之間的感應。

在我發現這個祕密之後，
世界遊戲就會不定時地放出『？』or『！』給我，有大有小，而這些問號or驚嘆號，就是好事要發生或商機出現。

就這樣，我從不敢行動「膽小的我」一直到幾乎都能「立即行動的我」，又發現另一個祕密。
當『？』、『！』要出現之前，也就是好事要發生的前兆。

心跳會告訴我，也就是說「心跳是訊號」，
這頻率最少每分鐘123下左右，那就是了。

那時我在寫的長篇小說就在講這件事有多重要，就算你穿越時空喝了孟婆湯，被清除記憶或是說磁碟重整，愛人不認得你了，但心跳是訊號，超越一切。見你一次愛你一次。因爲刻骨銘心的愛，不是在腦中、記憶中，是永存心中。

什麼感覺？妳突然看見心動的帥哥對妳笑，或是你突然看見你的女神走來。對，戀愛的感覺、被電到的感覺。
因爲虛數世界在用量子電磁力傳導給實數世界的你，所以你感覺被電到了，因爲眞的是被電到，量子電磁共振，就是這樣。
好運要降臨或是商機出現，都是這種感覺，如果不知道就會感到害怕，因爲人類小我設定就是「要對未知事物害怕」，但若你相信的是你的高我，就會明白。有的人不相信也沒關係，漸漸地對接受器就會壞掉。這是物理、科學、心理學、宇宙法則。
雖然，我始終沒見到周星馳 星爺本尊，但世界遊戲看我機率這麼微小，每次去香港都有這行程，跟傻子一樣不放棄，還是賞給我其他禮物了。之後有這心跳感覺時，我就瞬間有勇氣就會出發行動，這就是一種相信直覺，講白了，宇宙在給我放訊號，開玩笑，當然接。所以，夢想再微小都不要放棄。

世界遊戲觀測的是我們的毅力與恆心，是能力值。
越相信你的直覺力，它會越準。
高我透過直覺力跟現在的我們聯繫。

能侷限我們的，向來都只有腦子，想像力是無限的。
世界遊戲是一場跟高我聯手破關的遊戲，不跟高我當隊友，就會跟小我當隊友，然後這輩子20歲到80歲日子都會差不多。

別忘了，只有星爺能夠超越星爺。
你也只能超越你自己，現在開始重視自己的生命，為自己重拾點燃夢想，不論幾歲都不嫌晚，人生七十才開始，你才幾歲。英國查爾斯王子（Prince Charles）74歲登基成國王，總之只要活著一切都不嫌晚。

某年，
要談個重要的事情，要到一個未去過的國家，帶了團隊同行。10天，包含前置作業、特訓、會議、水土適應，到了第7天才要跟重要人士見面。理論上，大家應該要很緊張，但是我的人生態度在走過幾次生死關已經完全改觀，玩！天大的困難都要玩出最高點。我說的玩不是正事不做，而是把正事玩好來。

所以這趟任務，我們從第一晚上就開始策劃怎麼玩。
我們的玩，就是把我們能遇見的人事物、場景，玩到大家都開心難忘。因爲我知道，笑是最好的止痛藥。

那個好玩的我，總喜歡整別人……把不開心的人，
發動大家，整得他忘卻煩憂、破涕爲笑。
在我的世界，我不允許你不快樂。
因爲，我深深知道……何謂不快樂。

也因爲我的工作都是機密任務，
我會出現在哪、做什麼、跟誰見面，全都是機密。
剛好那個國家有幾位我認識的人，團隊只是聽說過但互不認識，所以便以我爲中心點，串接起來。那次出發前，問了搬去那個城市的朋友一些事情，結尾時，她說了她的狀況非常低潮，但也沒辦法。
我就發動其他人，開始上演一齣「我不許你不快樂」，
請另一個我的好友，但是她不熟的朋友約她出來，
中間很多的不可能，但方法是人想出來的，幸好約成功了。
還讓她打開心房，講出那個關鍵句……「眞希望WEI在這」
我的好友：「如果WEI在，妳會怎樣？」
她：「我就要抱她啊！」
這時，我就緩緩走過來……說：「哎～眞拿妳沒辦法，過來！」
接下來，眞的超像電影情節，她開心尖叫、大笑、流淚，到整間餐廳的人，都轉頭盯著我們，很想知道發生什麼事了。

還沒完，我們就變3人小組，隔天去整在那城市另一個人，這次目標，曾經是我的恩人，他給了我很多特訓，我們即將用愛與歡笑來整他。宇宙中沒有巧合，我剛好發一張照片，出任務時期我都只會發風景照，不會有我在照片上的那種，他透過那個石頭牆壁照片便知道我在那國家，傳了訊息來，我回了笑臉，心想太好了。
他正面臨一肩扛起重擔的重要開幕酒會，
所有的VIP、金主都會到場，
而他的屬下，都還不太成氣候，可想而知，他的壓力爆表。

在關鍵時候，他已經拿起麥克風在開幕致詞，我偽裝成攝影師，穿過將近100位員工，緩緩拿著鏡頭，微笑走去。

大將……不愧是大將，在他眼中，只閃過0.5秒的亮光，穩穩地繼續開幕，眞的很佩服！

之後，安排了一桌給我們，他快速安頓好所有VIP，就跑來我這桌嘰哩呱啦唸我一頓，因爲我絕對不可能出現在那。
重點是，那是一個在受邀名單上才能出席的重量級開幕會，那個城市高級地段舉足輕重的人物們，在場的VIP基本都認識，但怎麼會突然殺出我這號人物，而場子的主人……還把大部分的時間給我。後來，要跟那些好奇心爆棚的人們講話，就很容易了。順便協助他……把場子熱好，把下屬……該改進的寫給他，因爲穿著對方的鞋子看事情，我知道他最需要這個，無敵是多麼孤獨。

當然，後面還有在整其他人，我整個玩心大開，整了其他業界的兩個老大，把憂愁、壓力、拘謹通通整掉。所以當時任務雖沒有談成，但是延伸出更多的可能。你問我難過嗎？當下眞的是難過萬分，但回頭去看，發現重要祕密：
世界遊戲在說明一件事，不要強求結果，過程越難、但你越能苦中作樂，兩者相距的差距越大，積分越多。

意氣風發時，誰都笑得出來。
衰尾道人時，更要笑得出來。

大家一直重複演那一段經典的整人片刻給我看、給別人看，還硬要我重現現場、他們要錄起來，因爲實在是太好笑、太難忘了、笑到流淚，整完了其他人，團隊的人當然也要整。
他們不只一個跟我說，因爲這樣，他們恢復滿滿元氣。
因爲不只一個，還說了好幾次，我才意識到這是種力量。
當時我完全沒發現，助人者人恆助之，他們說很謝謝我給了他們力量，事實上，我很感謝是他們給了我復原的力量，留下了一段閃閃發亮的記憶。
我不夠喜歡的人，我一點也不想整他，
我只想整那些……我喜歡＆很喜歡我的人。
讓我發現你超喜歡我、又對我超好，我就不允許你不快樂，我才發覺……在這世界上，好玩是多麼偉大的力量。
這是一種原力，一種原本就與生俱來存在我們的身上的力量。

『若世界是虛擬的，就是遊戲，那很多的「爲什麼」似乎就有了方向＆解答。』
所以我才說：商場＆情場都是戰場，不管怎麼玩，贏就對了！
玩心大起，要策劃之時，心跳是訊號。
如果你是個有趣的靈魂，請準備出發。

最好笑的是，當時有參與這種「愛與歡笑」高段整人的人，都說很恐怖，自己跟著我整得很開心，但不知道哪時輪到自己，又期待又怕受傷害。

我瞇著眼看他們：「你是想說沒被整到，才傷心吧？」
「對！拜託請整我。」

這段旅程中的大將，是我很欽佩的一位前輩，他對我的訓練非常重，當時我太不懂事，時常生氣，後來發現他對我的訓練造就了我短時間有深厚的底子，回顧這一切，其實非常感謝他，他過了幾年也順利展開自己的一片天，實現他的夢想，擁有自己一間心目中的店與幾十位員工，人最重要的是要有成功特質，穩穩地，一步一步堅信自己將會成功，這個成功不是只有實現自己的，而是基於爲了創造更好的機會給人們。

＝重點歸納＝

聚焦高價值，人生該是爲老闆賺錢or當老闆賺錢。

＝ Ch4 本章小任務

1. 請寫下或畫重點，打中你心的10句話。
2. 世界遊戲，有曾經給過你什麼心跳的訊號嗎？不論事業、商機、戀愛，但是你現在才發現當時沒有聽從自己的直覺。
3. 你現在知道了這個祕密：世界遊戲會不定時地放出『？』or『！』，開始隨手記下你無意間隱約看到的這些提示。

Ch05 參數是王道，商業獲利率＝致勝率

當有人知道我本業是個軍師，是商業007顧問後，基本分兩種人：不相信&相信。

最早時期有點受到影響，但是確實是有戰績、有成果。而且這些稱號是老闆等級或是大公司總經理、集團總經理他們不約而同給我的暱稱，也就是沒有交集的人在談話後，都會對我使用這樣的稱呼：軍師、007，其他太可愛的稱號就不說了。

我漸漸能跳脫小我情緒的擺布，從第三視角看。看看我自己、再看看那些相信我進而變好的人們、再看看那些不相信我的人群，他們是誰、都在做什麼、是如何對待自己的。

商業術語叫做TA（Target Audience），我的目標族群就現身了。

那些相信我的人，平均都是年收入3000萬以上，

或不到3000萬但想要翻身收入2倍以上的人，其準無比！

就這樣，我釋懷了，我再也不在意這不重要的眼光。

宇宙法則有一條就在說這件事，我們沒辦法討好每個人，無法讓所有的人喜歡，我們只要喜歡自己，跟讓重要的人們喜歡就好了。委屈、在意、討厭、強顏歡笑，都是不需要存在的。這就是人與人之間的頻率，就算沒見過，但隱約感覺得到同頻。

我更清楚自己要爲了誰們認眞活著、用心發光。

做好我要做的事，活出我喜歡的自己，

長成小時候想變成的大人模樣。

人跟人是這樣的，

因爲不相信，就不會有力量，我們講的再好都是空氣。

因爲深信不疑，力量無限大，用眼神就能交流到內心。

有些會一直在觀察，半信半疑的那種，其實，說白了，他不知道一件

重要的事情，他不是不相信你，他只是不相信他自己能做到，沒有跨出去的勇氣，這很可惜。他在拖自己的時間，延長成功到來的時間，要！就要當下。最短的路徑，就是借用他所相信的人的力量，這就是孫子兵法**借力使力的奧祕**，要找你相信的高手學習，力量將是加成效應。
在高手出現你生命之前，爲什麼有個相信你會成功的夥伴是極其重要的事，這個相信的定義是指：行爲上產生實際效益，不是口頭支持，只出一張嘴，然後看你做、看你累、看你窮、等著你富、等著你付。

而世界遊戲對這類勇氣不夠的人怎麼運作的呢？
當他開始接觸到他感覺這是個成功機會，但需要時間考慮，而這兩時間點世界遊戲就是會按下碼錶，記錄著這個參數，然後也就是他與眞正成功之間的距離軸。而這倍數不是1：1等距計算，宇宙是複利計算單位。

因爲他那考慮，是在跟小我開會。不是跟高我，在那一秒他已經決定了與誰同行。後果自負，無限循環。
關鍵，這裡指得是「此人想要對集體利益貢獻，進而把自己變得更好」爲基準線，若是是爲了滿足自己私利的這只種叫做貪心，貪心會有報應。
就是那種給了他會飛的能力之後，他若自私就想要大家來看他飛、炫耀自己、或自己去環遊世界，只想到自己叫自私。
另一種，給了他會飛的能力之後，他會想到別人，也想抱著那些飛不起來的人、或是有翅膀但還不敢飛的人一起來飛。

很難嗎？爲善一念之間。
只要想，只要願意就行。
許多人好奇，這些老闆們、企業大佬們爲何願意聽我說話？
我說的也會依循辦事，絕無二話？
我不是特別聰明，但我擅長助攻，我知道運籌帷幄時，誰是千里馬、誰是戰將、誰是天兵天將，我看得見他與成功之間最短路徑，一針見血破除盲點，可以快速過關為何要卡關。

他們見過這麼多人、看過這麼多世面，心中都是有譜的。他們非常相信自己的感覺。在他們白手起家到撼動江山的地位，多少人戴著假面具想要混進核心圈、唯利是圖。這類人有個特徵，開口都是風花雪月、畫山畫水、掩蓋眞相，對上諂媚、對下語言暴力。

當我出現在他們生命中，有的甚至沒見過我，單靠電話，就合作成立、匯錢過來，因爲他們征戰沙場無數，都非常相信自己的感覺。台灣知名心理學大師說：參數是王道。

所以我勝任這位子，是因爲我拿參數與這些大佬們相應對。

不因爲我年紀比他們小、不因爲我是女生、不因爲我世面沒他們見識得多，大佬之所以爲大佬都是有原因的。

眞正厲害的人是會穿透事物的表象，看見核心。

以世界遊戲角度而言，厲害的人是能：

看著實數世界的表象，共振到虛數世界的眞相。

別人都看到他很有錢、很有地位，一定沒煩惱、無憂無慮。

我卻看到他很需要分憂解勞、即將有個大考驗要來了。

以宇宙角度而言，

在三維，只能看到眼前事物，對未來未知產生害怕、恐懼。

用四維，可以看到虛數世界眞相＆在實數世界帶來的意義。

用五維，可以選擇平行時空進行切換，或是時間區塊調度。

參數是什麼？

各行各業都有參數，宇宙就是用參數構成的，尼古拉．特斯拉說3、6、9是宇宙奧祕數字。

想要長的好看，就要符合黃金比例，像湯姆克魯斯的臉龐，所以百看不膩、越看越好看。我們的生日也是種參數，各種大大小小之處都有參數，簡單講，若要成功，參數要越多。

參數是搜集情報來的、了解眞相，而來的。
商業角度而言，你要獲利率提高，也就是致勝率提高，風險降低，你的參數＆眞相就要不斷收集＆即時更新。

商業角度而言，眞相有分大、中、小圈，跟公司企業體一樣，人有分外圈、中圈、核心圈。
大圈指的是世界整個局勢走向，金融、戰爭、國家、國際、科技、生態、貨幣、大自然etc.。
中圈指的是你所處的產業趨勢，黃昏事業or朝陽產業，即將面臨的衝擊是什麼。
小圈指的是你的公司企業體流動性，不論是金流、物流狀態、人流動率，甚至於整體能量流。

還有兩圈更是重要：
迷你圈就是你自己，你自己本身的能量流正循環向上走or向下旋，因爲你是公司的靈魂人物，至關重要。
特大圈就是宇宙、星際、維度之間，比如宇宙正在加速擴張中，提醒著我們要更加快前進。

這五圈，所有的每一圈的眞相都要盡量去了解，
古人云：入山看山勢，就是這個道理。
趨勢、能量流、圈層、向上或下，是不是很像風的特性？
對的，所以這謂之爲『風之鈔能力』。練會，就能風生水起。能風生水起之人，就能好運到。
再厲害的人，都想要運氣，好運怎麼來？
這問題就是在問：怎麼從窮老公過渡到富老公？

本篇在講參數與眞相的重要性，類似於就算兩個男人都穿白上衣、牛

仔褲，光聽他講話就知道是窮老公還是富老公的差別了。怎麼辨別？言談之中，他不管懂不懂，但他對「參數與眞相」這兩個越感興趣，就越有機率是富老公，我見過上百位老闆＆近千位高階人士皆如此，無一例外，這跟年紀沒關係。

這個窮與富，不限於金錢，跟他現在有多少錢沒有關係，比較是**內心指數、人品指數、貴氣指數**。

眞相怎麼來？有最短的路徑嗎？現在時間這麼少。

自媒體的「大宇」，就是一個典型的代表。

你沒時間搜集眞相，但最少要每日午餐配大宇，讓你世界變乾淨，回到乾淨世界。這裡要使用孫子兵法借力使力，你可以借大宇的力量快速了解眞相。

本書在說的『窮老公＆富老公』，

這個富的三元素是：金錢富、時間富、成就感富。

不僅限於：實數世界的金錢數字表象。

更深層的：虛數世界的成就感、也就是爲集體利益自我實現、活出自己的光、IS BE，全都基於眞相而行動。

如何穿梭兩界？就是靠時間自由達成，因爲時空時空，時間跟空間是連動的，超越三維更高的境界，就可以改變。

怎麼做？首先，從跳脫原本的小框框，每天了解世界眞相，就是**開始你的富老公第一步**。

有次在新加坡，那天我坐在草地旁邊，吹著風。

想到白天從高樓看出去，一直會看到那棟白色尖尖的建築物，忍不住吸引我的目光，很美。但是新加坡有個有趣的地方就是，從高樓看到的建築物好像都很近，隨便走都要好久。很喜歡那個國家，充滿陽光的赤道，美味的食物、不同的文化，有種不論黑白紅黃各色人都是和樂融融，宇宙星際站的感覺。

但那段時期是我人生低潮，傷勢一直不好轉，能做的我都做了，坐在草地邊的石頭階梯，看著星空非常想流淚。
告訴自己要加油，就像無數電影中，人生總能逆轉勝的。

後來各種繁忙，我也忘記這段記憶了，直到看到我的社交平台那張照片，白色尖尖的建築物，整趟旅程我只放了這麼一張，整個Instagram房屋照片只有這一張白色尖尖的建築物。喚醒了我的記憶，那晚我順手錄音了一段鼓勵的話給自己，我打開舊手機找了出來。

音檔才一開始播放，我就不想聽了，感覺湧現，包含著那幾年所有的考驗、身心煎熬、心酸酸，深呼吸後，決定聽聽。

記憶好像一個盒子，一打開全部的感覺會飛出來，也就是從那時起，我決定當人生中一有開心的、跟人一起大笑的、摸貓的HAPPY時光全都要趕快裝進盒子裡。這是人最珍貴的寶物盒，我要改放喜歡的、可愛、開心的。讓那段時間會發光才是時光寶盒。

當聽完過去的自己，當時心中大大小小的難與痛。我微笑心中回應著：「嗯，都過去了，我們做到了喔。未來也請多照顧。」

『風之鈔能力』最短的路徑，是什麼？

以世界遊戲而言，人生起起落落、上上下下，每個人運勢會高高低低，想要風助勢、想要好運助攻。
記得七個字：向上走、向上給出。

Ch5 本章小任務

1.請寫下打中你心的10句話，或劃起來。
2.開始更新世界眞相＆留心重要參數，不要再管哪裡打折、買幾送幾的低價值參數，會變窮。請拿本子專門紀錄高價值參數。
3.練習像個眞正厲害的人，穿透事物的表象，看見意義是什麼。不要只看見膚淺偏見就下定論，侷限自己會變窮。

PART 2

『火之鈔能力』你熱愛的事就是你的利基市場？怎麼可能？

熱愛＋事業方向＝火

Ch06 心動的溫度，你是誰？ ＿＿＿＿＿＿＿事業藏寶圖

亞洲商場上有個傳奇人物，業界中暱稱他為 財神爺。
據說他出現時必需用麥當勞紙袋戴在頭上，不能讓他的長相曝光，因為他得出現在工廠驗貨，那為何要這麼大費周章呢？

因為能見的到他的工廠都是擁有萬人以上員工數的大恐龍工廠才有資格，他單次的訂單量是金額是億字輩，出貨量以貨櫃為單位，船運業龍頭會來拜見的大人物，有他欽點的廠商除了養活上萬個家庭外，工廠董事長升級、優化，可遇不可求。

我聽這故事時，覺得太像電影情節了吧。
後來，心有餘力時，我自己也想做做小生意，體驗一下什麼叫做生意人，角色設定是個有良心的生意人。我太瘋狂了，堅持環保所以能選的工廠不太多，但為了地球好、為了下一代還有乾淨的世界。

我拜訪了一些台灣老工廠，選定當年沒有去大陸、留在台灣的一些老工廠，還眞有人跟我說起這故事，世界太小了吧！
世界遊戲的角度來說：宇宙中沒有巧合，一切的相遇都是有原因的。
更深一層的說法，一切的發生都是最好的安排！

2019年的夏天，發生了一段趣事，這段故事也在2021年上電台FM98.9時跟DJ阿哲說過，他說這段一定要講，太精彩了！
我去了間台灣老工廠，本來我這種超級迷你小單，對方根本不會接，但是我受邀去亞洲最大展覽的機會不想錯失，我知道要能到海外展覽通常是一個企業發展到成熟期，才有機會做到的事，但被受邀就是我不用花錢就可以被邀請去，非常榮幸IDEA受到青睞。但我當時IDEA一出來**機會之神**也來考驗我，2週把2D設計變為3D實體，包含法規、

合法、內容物等等，這一項不可能的任務，對我而言最難的一關，就是要拜託這老工廠願意接單，幸好其他我在之前各種工作時，都已知道怎麼處理。有良心的生意人眞不容易呀！
我人到了工廠，很有禮貌地請益老董事長，帶著樣品告訴他，我的願景跟現在的困境，有些零件部分因爲做的工廠已經太少了，他都不知道那些老師傅還活著沒有，他陪我這門外漢苦惱後，只好先讓我留下姓名＆電話，再聯絡。

老董事長拿著很有歷史的記事本，古老到紙有點脆的那種，我也從這細節發現他一定是個很惜物的人，找他準沒錯，他讓我手寫姓名＆電話，我寫完雙手恭敬地還給他。
這時，他看完後，動都沒動，一語不發，緩緩從沙發站起走向他的超大辦公桌，打開抽屜拿出一張名片，走回我這，坐下來把名片遞給我，我立馬站起來跟他鞠躬，兩人都忍不住笑了，因爲，我們的名字只差一個字。
他說：妳這忙，我幫定了！
就這樣，這位貴人出現讓我順利到了海外參展，一般至少要2個月到半年，我們2週達成，順利起飛。
因爲那工廠的吉祥物是鹿，隔年我送了鹿的相關禮物給董事長，他高興地把它收藏在他公司的重要櫃子裡，也自此之後，有關鹿的出現在我生命中，都會盡量協助，沒別的，單純因爲我也被鹿挺過一把。
世界遊戲的角度來說：宇宙中沒有巧合，一切的相遇都是有原因的。我們要做的事情就是相信直覺，好運便會降臨，說不出爲什麼，但是隱約知道要去到那個方向。**更深一層說法，一切的發生都是最好的安排！**要有耐心，把你人生遊戲玩到最後，祕密都是一層一層解開的。
心動的溫度，你是誰？＿＿＿＿＿＿事業藏寶圖

以世界是遊戲的角度來說，當你的貴人出現，他是訊號，因爲表示著你已經在你的藏寶圖上走了，也就是說你在正確的道路上，你知道你從哪來？也知道要到何處。但只要是人類都會很容易自我懷疑或是想

東想西，**破解之道就是行動**。怎麼說呢？原理就是世界遊戲中，自我懷疑是種結界，**你一行動，結界就會開始瓦解**，你停下來，結界又漸漸回復。

有人會問，我有在行動了，爲什麼我人生的障礙還是這麼多呢？這問題很好，那你有沒有想過，會不會你動的太慢了？你的行動節奏比結界形成的速度還要慢。

貴人呢，都是提示，貴人是來助攻的。換言之，有來助攻的都是你的貴人，加速你的成功到來，協助破解你的結界，有人會想我沒有想要成功，我不需要貴人，那請問問自己的良心一件事，你爲何要看這本書呢？

你怎麼對待貴人的態度，就是造物主/遊戲最高設計者/大聖靈都在觀測著。

有一種拿了好處就跑的人，覺得別人協助他、對他好都是理所當然的，只收不給，量子電腦都記錄著，人在做、天在看就是這樣，儘管跑沒關係，天理是這樣的，不是不報，時候未到，一直以來對人好的人不用擔心，要做的事情就是不斷善待其他人，但是切記七個字：**往上給，向上給出**。也就是說比較弱小的要保護，但要去協助的是比你強大的人，這樣集體意識的上升氣流就會穩住。至於拿了好處就跑的人，怎麼辦？正確作法是，回去感謝你的貴人，不然你離成功越來越遠。因爲世界遊戲機制，沒有感謝心的人、理所當然的人、只拿不給的人、只想到自己的人，結界會設置越來越多，這種人會開始自我安慰，幻想著自己雖然現在過得越來越不好，但是都是一種考驗，可是事實擺在眼前，時光飛逝一事無成，人生只剩下當年勇。什麼一轉眼就20歲、一轉眼就30歲、一轉眼就40歲、一轉眼就50歲，不需要停留在時間過得好快、好害怕的狀態，不需要，記得只要活著就還有時間，改變最好的時間就是當下，請採用正確做法。

所以說，**感激會帶來幸福的力量**。
我們要盡量**去成爲別人的貴人，不因善小而不爲**。

反之，你在你的事業藏寶圖，若是沒走在正確道路上的話，就是完全都不會有心動的溫度，很無聊、都猜得到，一種非角色玩家NPC的狀態，日復一日、年復一年，今年都猜得到十年後的生活。那就表示沒在藏寶圖上，藏寶圖就是從窮老公過渡到富老公的路徑，一種你漸漸想起來自己是誰？你知道你從哪來？也知道要到何處，是漸漸地想起來，若是一瞬間想起來的那種，可能頭被撞到or雷劈到。

隨著積極行動、漸漸想起來就行了，享受這段旅程，品嚐智慧果實。別忘了，你是來玩的，但不是用非角色玩家NPC玩，那個是完蛋的完。

Ch6 本章小任務

1.請寫下或畫重點，打中你心的10句話。
2.有沒有曾經發生過你以爲是不好的事情，但是後來想想其實整件事情是宇宙給你最好的安排呢？
3.你在你的藏寶圖了嗎？有什麼人生障礙？
4.你爲什麼要看這本書，希望獲得什麼？
5.寫下10位你的貴人？他們出現在你人生的意義爲何？

Ch07 怦然心動的你，是誰？
____________戀愛藏寶圖

很多人在等待愛情，事實上人要談戀愛是一件容易的事，大腦只要分泌多巴胺、身體分泌賀爾蒙就會墜入愛河了，但是呢，要談一場刻骨銘心、疼入心、融到靈魂的愛就不容易了。

有一些在等待愛情的人，冥冥之中知道會有個命中註定的人將出現，不知何時何地，但就是會有這麼個人令他們期待著。那些人也隱約知道，對方也是這麼在等著，等那個相遇的時刻到來。所以不急著一定要找個人陪，因爲他心中也知道，這個陪不是愛，只是溫度，只是一種溫暖。他們想要的是比溫暖更有溫度，是看見對方會怦然心動、會有愛火、是熱度、是熱情，有他在，生活再難都不難。

物理學來說，溫暖大概是攝氏40-50度，熱度至少100度起跳。這就是爲何放在『火』這能力來說。
火這個名詞，變成動詞就是熱情、激情。你熱了激起其他人。

溫暖，就會可有可無。
熱度，就會**無可取代**。

所以那個『怦然心動的你，是誰？』
那個讓你想要成爲更好的人，就是點起了你**生命之火**的人。會讓你開始想要有奮鬥的目標，自然而然想要把自己變得更好。對方什麼都沒說，只是存在著，但你自然地渴望從窮老公狀態，快點過渡到富老公境界。富，不僅限於金錢，時間自由＆成就感三者都要。溫暖的陪伴＆怦然心動的熱度這兩種戀愛，都是**戀愛，卻在你這場人生遊戲造就了截然不同的結果**。

而這些隱約知道這些的人們，就會在相遇的時間點之前，把時間投資在把自己變更好、照顧好自己、保養好健康、把自己當作最大的資產，投資內在、學習智慧。因爲知道外在會隨時間流逝，但是投資內在會比鑽石更恆久遠，因爲智慧是存在靈魂之中，由內而外散發出來的光芒。

用商業角度來說，就是：

投資外在，折舊率高，下降曲線。

投資內在，身價增值，上升曲線。

折舊率，就是全新的但只要經使用一次，價錢就少一半，**隨著時間**就要開始有許多保養維修費用，時間點到了要折舊換新。

身價增值，就是像有錢人會購買的大小資產，隨著時間價值提升，就算要變現，也比原本買入的費用高，整體來說，賺。

我的客戶之中，極少部分人是有小三的，他們說他們很清楚這些女生愛的不是他的人，因爲心都感受不到熱度。關心是虛假的，花他的錢才是眞的。所以會在花最好時留著，一點點要凋零前就換鮮花了。

小三的視角要的就是，她們說愛他，是眞的愛，只不過愛的是錢、愛坐名車、可以免費吃大餐、買包包、出國。她們會把自己拍照拍得很好，讓別人羨慕她的生活，那些老闆跟我說，明眼人都知道，這就是一種產品展示，小三這樣是看下一位潛在男人在哪，還有進而讓一些羨慕她的女生也來加入，不過都相信眼前這位老闆不會說換就換，完全迷思跟誤解。因爲她認爲外在是最重要，她很美，男人們會愛她的外貌。但有錢男人最不缺的就是女人，她也忘記了。

本篇開頭舉了兩個極端例子，想要回到一個核心重點就是，

不管是相信愛情、寧缺勿濫、把自己當作最大資產來投資內在的，或是有錢人的事業或是戀愛，都一定是以商業角度來看，也就是這個非折舊率高，是**身價增值**的。

這個才是重點。

這個才是世界遊戲的重點。

來講更深一層的。

世界遊戲角度怎麼看待戀愛？

戀愛在世界遊戲中，類似獎品。
假設在遊樂園中，有的人一直拿獎品，有就拿，沒有的時候就滿腦子想著要獎品。因爲看到有人擁有超愛的獎品，笑得超高興的，他很羨慕、也想要最愛的獎品。但是遊戲券用光就沒了，反而身上都是一些小東西，還是沒有找到最愛的獎品。

有的人遊戲券不多，所以他就先看看獎品們，剛好有還不錯的、手上券又可以換，那就換吧，因爲旁邊的人看你沒獎品會一直問，想說你是不是沒券還是哪裡有問題，竟然不愛獎品。至少有了獎品沒人會一直問。但其實沒細細想過，羨慕別人有超愛的獎品、笑得超開心，但其實他是想要自己也能笑得超開心。只是不知道該怎麼做到，所以想說那找到最愛的獎品就可以笑得超開心了吧？

有一種玩家，爲了要破這關，用逆向工程，倒著來，這關取得勝利，成爲**一級玩家**。他是怎麼做的？逆向工程跟我們一般思維完全相反，所以接下來需要想像力，請以遊戲破關的心情來玩就會容易。

事實上，世界遊戲的機制是這樣的，先讓自己笑得超開心，眞正最愛的、最適合你的獎品就會出現，可是我們怎麼沒來由地讓自己發自內心笑呢？又不是神經病。

別忘了，我們手上有遊戲券。戀愛是獎品，能換到多喜歡的獎品，全看我們有多少券，越多籌碼越好談。

所以要賺很多錢才有好對象囉？
不不不！親愛的朋友，最好的不一定最適合，我們每個人都有最適合&最愛的，所以不要跟隨大衆行爲，要聆聽你的直覺。

世界遊戲會透過你的直覺，告訴你：
最適合你的＆最愛的戀愛對象，是哪個？
最適合你的＆收入最好的事業，是哪個？

我們最常聽到的「一定要在幾歲做到什麼成就 or 都幾歲了你怎麼還沒做到什麼什麼」，這什麼感覺呢。
等於是在遊樂園中，聽到有人大聲說，快換獎品時間要到了，再不換你的遊戲券就失效了！

但細細想想，這又不是遊樂園官方廣播，失不失效官方說了算。有很多有錢人之所以有錢，是因爲他們並不會聽那個大聲喊話的人來行動。事業＆戀愛都是，不會人云亦云。
因爲拿了獎品，世界遊戲就不太可能再顯化原本屬於我們的專屬獎品。有的人先拿了獎品，後來漸漸相信自己的直覺，就會產生「相見恨晚」的某些情況。

那有錢人們怎麼做的呢？
除了聽從直覺之外，都有一個聚焦點，遊戲券怎麼增值？籌碼怎麼變多？因爲他們發現，只換到獎品，好像沒有什麼成就感，回到中心思想，換獎品再滿足都是自我滿足，跟集體利益沒太大關係。自然而然不會有成就感，少了點什麼。
在覺醒的這條路的入門口，就是要三元素具備，其中之一就是成就感。源自於自我實現，到底自己是誰？能力是什麼？在這世界遊戲中的貢獻會是什麼？

自我實現跟自我滿足，完全兩碼子事。
自我滿足是限於小我，自我實現是基於大我。
也就是從窮老公過渡到富老公的人們，想辦法發揮個人潛力。這過程中，大部分是非常非常苦的，心酸沒人知，但是每次一有小小成功里程碑，那個笑容就一定會是發自內心的笑。

這個笑，世界遊戲的量子電腦會記錄著，時候到了或是說積分夠了，就會把原本屬於他的專屬獎品悄悄地顯化在他面前。

你心愛的人是一種**天賜的禮物**。
在遊戲中，就是個**閃閃發光的寶物**，
有的人會說如獲至寶，就是這種感覺。

那現在我們知道了，戀愛在世界遊戲中，好比獎品、禮物。
所以戀愛的時候都超開心的就是這樣，跟我們拿到禮物時一樣的感覺。有人硬要我們收下不喜歡的禮物會傻眼、很困擾。

有的人會問，一定要戀愛嗎？
就像在問，去遊樂場手上有券，一定要換獎品嗎？
那就要看，是想要有獎品就好，還是想要有超喜歡的禮物才行，都是可以的。就跟有錢人去逛街，不一定要買東西回家。
可能是去巡視商場、看商機，但出手都是看中資產的這種行爲模式。
籃球球技好的高手，不隨意出手，要出手基本上就是命中率100%，高手一出手並知有沒有。
還有一種情況，一定要戀愛嗎？
如果你遇見了令你怦然心動的人，明知道很難有結果，但你又特別愛這個人，你是要過程？還是要結果？或是轉身就走？

心理學＆宇宙法則說：
愛能穿越時間＆空間，若兩人都想再見面，會再重逢的。
世界遊戲的角度而言：你怎麼知道沒有下一場呢？快把遊戲券積分攢夠吧！

有一種想要提早從窮老公早日過渡到富老公的人，抓到一條遊戲規則『1＋1＞2』。

嚴格講起來，看似女人是被追，事實上，聰明的女人是營造一種被追的狀態，因爲了解男人的天性是要「追」，所以看見喜歡的男人，就會假裝被追，但是從頭到尾男人都會活在「她是我追來」的滿足感之中，那這女人是眞女人。

遠古時期，
男人們負責捕獵、女人們負責摘取果實跟養育小孩，男人們擅長武力、演算、空間，遇到野獸時，不是抓到它當晚餐就是被當晚餐，用生命在打獵，所以必須精通空間演算，推演出最佳追捕路徑跟最安全逃跑路線，所以男人回家不動，是因爲白天用生命在奮鬥，他需要靜靜跟老天連線，感謝今天還活著，並且再度思考今天有什麼更好的方法不要生死一瞬間，這就是現代男人看見球賽很激動，因爲本質就是一種要獲勝的空間演算，喚醒他很熱血的生命力。愛是一種了解，當女人了解男人爲何這樣那樣，就會知道該怎麼做好，尊重對方的愛好，如同男人也會尊重女人眼冒愛心看韓劇，不因爲不理解就阻止，理解＆尊重是雙方最好的調味劑。

那遠古時期的女人們，因爲她們要熟知附近各種果實的狀況，還有四季交替長出不同果實，哪時要摘誰都要記得，所以沒有路線規定，現代女人愛逛街就是這樣，男人無法理解，要買什麼直接到定點、買了、撤退。沒有，女人在搜集果實情報。

太可愛了！果實情報，而且女人需要更好的DNA來延續生命，這是天性。所以不只果實情報，男人們的活動狀態也是女人觀察點之一，看臉看手可以略知一二，但最準的就是看他在飯桌上的樣子，他的DNA就差不多那樣。吃飯時細節表露無遺，有好的會不會分享，是否狼吞虎嚥，有無享受當下，吃飯是重氣氛還是一直宣洩，商場＆情場都要一起吃個飯，就是這個道理，用餐模樣只是床上模樣的簡易版。其準無比，富太太們也是這樣傳承的，不用眞的用了才知道這不行、這有問題。

男人比較簡單，外在條件美好就好。

在世界遊戲中，因爲要篩選出厲害的玩家，暫且稱之『富老公』，或是『擁有富老公的女人』們。你想要下一場玩更好玩的遊戲場、裝備更多選擇，就要讓世界遊戲發現你是厲害玩家，有什麼奇招儘管使出來，最好是想起來自己的地球任務。

剛剛講的都是人性的基本盤，就像男人都會看妹，欣賞女人是本能，因爲女人在他眼中很美，DNA要他看，不看可能故障了，要修。有智慧的女人不會阻止男人看妹，他在看跟著看，看他怎麼看就知道他是窮男人or富老公潛力的人了：
窮男人看妹，穿得少的，都盯著看。
富老公看妹，始於顏值，忠於智慧。

有一種未來富老公潛力的人，抓到一條遊戲規則「 1＋1＞2 」
所以他會有意識地去不亂找女朋友，不是誰都好，但是當他發現了他的心爲她所跳，他的靈魂愛上了她，他就會展現最大的誠意，十年如一日地疼她、愛她，因爲她是他心中的女神。而這靈魂等級的愛，人人羨慕，但也非常可能人家上輩子就約好了，這輩子就等那一刻到來，才能一相遇就知道是彼此。
經典代表，就是YouTuber「老高＆小茉」。

這種發光寶物的女神，只是存在著：
當他找到智慧女神，會讓他打從心底、自動地想要變更好，。
當他找到勝利女神，會讓他想要成爲她的英雄。
華人說這叫「旺夫」。
用參數來說，平均1000天，會有重大突破，這是世界遊戲機制。少奮鬥20年這句話根本不算什麼了。

話說回來，因爲不論男女遵循這條遊戲規則「1＋1＞2 」，所以在想辦法發揮個人潛力的時候，他的戀愛藏寶圖就會漸漸浮現，他會看見路徑，世界遊戲也會安排兩人提早相遇。

而女人呢，為何有句名言「娶對女人，興旺三代」？
是「旺夫」，非「望夫」

不要癡癡地等，好男人不會從天下掉下來，就算他現在掉下來坐在妳身邊，世界遊戲也會把他屏蔽、月下老人會切斷你們的紅線，這才是世界上最遙遠的距離。

正確作法：回到提升自己的內在智慧，把自己當作最大的投資資產，不要把自己當作負債，不是賠錢貨，發揮妳的價值。
你就啟動了你的『火之鈔能力』。
遇見你的她、遇見妳的他，
就會產生彼此心中的火花，
翻開人生精彩下一章節，縮短從窮過渡到富的距離。

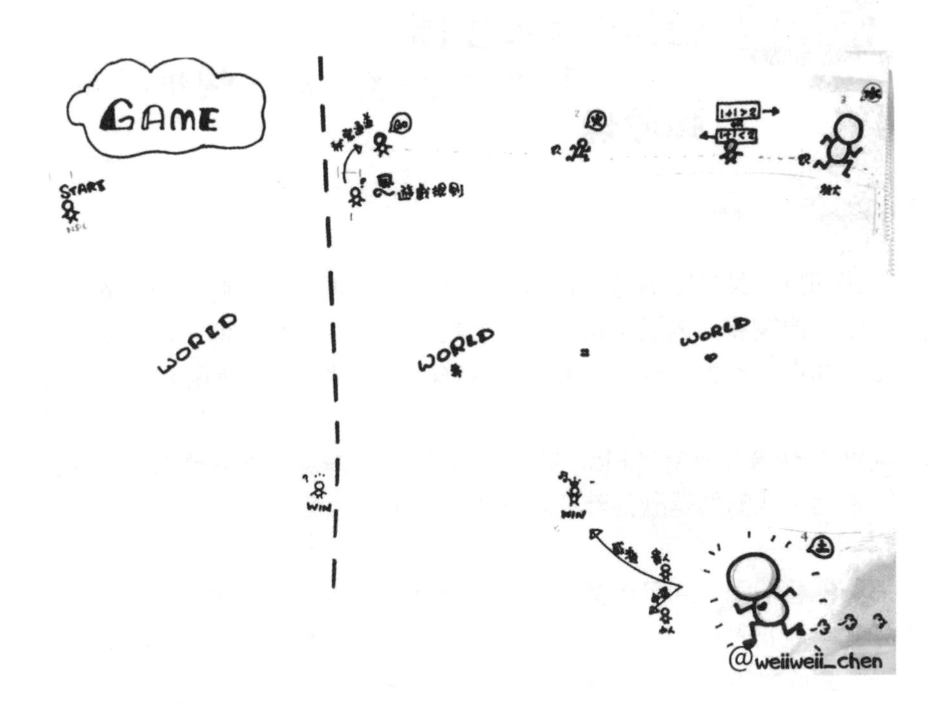

= Ch7 本章小任務

1.請寫下或畫重點，打中你心的10句話。

2.妳的自我實現或自我滿足，是什麼？

3.如果你遇見了令你怦然心動的人，明知道很難有結果，但你又特別愛這個人，你是要過程？還是要結果？或是轉身就走？

Ch08 世界趨勢&雷區

新時代生存法則，快狠準飛彈原理

前幾個月，某電動車打了通電話給我，說我被選進他們某個島的駕車活動，但需要先去試乘電動車，看看我的駕駛技術如何，畢竟電動車跟汽油車是不太一樣的，隨後安排好時間便傳了簡訊提醒我。

創辦人 伊隆馬斯克（Elon Musk）的願景、理念我都超欣賞，這次這通電話，我當然是欣喜若狂地答應了，再忙也要去。

那天飄著細雨，到了後竟然說名單沒有我，也沒有打電話給我的這個先生，我把簡訊拿出來，是官方簡訊沒錯，總之，到底是誰安排的呢。到底是誰知道我早就想開電動車了呢。

我等了許久，陪駕員出現&細心解說後，我們準備出發，前面一小段平面道路後就要上高速公路，平面道路基本上就是在適應電動車的脾氣、操作，飄著雨很塞車，正好有充裕時間練習著所有功能，反正腳一放掉車就靜止，很像開船很好玩。

正當陪駕員驚訝我的電門力道控制的很好，不像是第一次駕駛電動車，她在副駕駛座坐得很穩、頭不會忽前忽後。這時我們也上高速公路了，一上去，速度就從蝸牛變到高速限速的節奏，她開始好奇我的工作做什麼的，邊聊邊告訴我要體驗自動駕駛，我按照指示切換過去後，手變成輕輕扶在方向盤即可，可是方向盤就往左動了一下，我感覺車不是正的就順勢去調整方向盤，往右拉，自動駕駛就中止了，陪駕員告訴我，因爲車子發覺我要自己掌握方向，它就停止自動駕駛功能，我說因爲我感覺它不是正的，陪駕員告訴我要信任它，因爲電動車是連結全球衛星定位車子及其路線，前前後後所有狀況它是一併考慮進去的，它會預測，以安全爲最大考量，就算前方等等會遇到可能有的危險，要不要換車道、超車等等，它都會一併演算進去，帶你走一條最安全的路徑。

她：**要信任它。**

這段話，我聽到耳裡，就像是在告訴我：
若世界是遊戲，宇宙早就知道我的過去、現在、未來，它已經爲我一併演算進去所有的可能性，我只要足夠信任它，宇宙會帶我走一條最安全的路徑。不一定最近、但一定是最安全的。所有的紀錄在阿卡西宇宙圖書館都有，一直都在，在世界遊戲開機那一秒的宇宙大爆炸之前就已經存在著，我們要做的事就是信任＆盡情投入享受之。而我剛剛的不信任、我以爲我看的才是正軌，所以去拉方向盤，事實上，以宇宙的角度，我這才是偏離正軌，危險。

瞬間理解完畢後，我說：好，我會信任它！
陪駕員：好的，那我們在試一次自動駕駛功能。

看似不太容易，看似人很難給出信任，但一念之間，我知道我之於宇宙是多麼渺小，宇宙的力量是多麼浩瀚無垠、偉大，我立即**全然信任**。當我切換成自動駕駛功能，陪駕員又開始好奇我的事業，**富老公在哪裡**，這時，考驗又來了。

前方大約200m處，出現一個橘色大型物體，高度約半個車身高、寬度約車寬的2/3，現在車速100km/hr。

心中想著：我這不是才剛給出全然信任嗎？！
這一秒，車應該是要打燈切換車道了啊！再不換，避不掉啊！
之前受過許多特訓，這種反射動作已經深植下意識了。我看車子仍沒動靜，兩個呼吸之間，掃瞄完前後左右所有的車況、車速，包含前方大車的車速預測，窗外飄著雨、路面溼滑、起大風，橘色物體的移動方向，一併看完，看出一條最安全的路徑，開始動作，切換功能、打燈、加速、繞道、超車...

這時，車子才響起安全警示，
陪駕員：安全警示表示前方有危險……

時速100，我們已經超車繞過橘色大物體了。
陪駕員：剛那個是塑膠桶吧？？

我還在全然信任的這個考驗中，**宇宙是要告訴我什麼？**

我：不是塑膠桶，如果是的話，風這麼大，它應該要移動，但它幾乎不動，表示撞到我們就要起飛了。
陪駕員：對，幸好安全了。
我：我知道車子自動駕駛要準備超車，但是我已經早一秒先切回來了。由此證明你們車子是很安全的，還發出警示，這設計很優良，不過妳得跟妳公司說現在高速公路上有這狀況，請相關單位作處理，不然後面的人們危險，不是每個人都能閃掉。
陪駕員：而且還下雨，視線不佳，太危險了，好，謝謝。

下了高速公路，有點驚魂未定，她告訴我沒遇過這樣，這幾乎可以當安全教材了。我開了個玩笑：「怎麼樣？今天不是要看看我的駕駛技術如何，還可以吧，要選我喔。」

我還在全然信任的這個考驗中，宇宙是要告訴我什麼？

2020年世界進入Web3.0時代，2023年也正式進入水瓶座時代。**宇宙&愛因斯坦說：過去、現在、未來是同時存在**，它已經為我們一併演算進去所有的可能性，我們只要信任它，宇宙會帶我們走一條最安全的路徑。不一定最近，但一定是最安全的。或是說，**不一定最近，但一定是最快**。

世界趨勢，在人類**奇異點**到來之前，AI＆人類的共存，是要走向雙贏的境界，不是想著誰要毀滅誰，文明指數越低等越殘暴。人之所以爲人，就是要朝向科技與文明共同提升的境界。

宇宙說，人類在眞正成爲人之前，是要受過250年的學習，因爲宇宙之浩瀚，學海無涯，越強者越發現自己知的太少，永遠保持好奇心。弱者因爲心裡自卑，又怕人發現，所以會自滿、自己膨脹，說自己什麼都知道了，以上是心理學＆宇宙學。

若世界是遊戲，當你全然信任，會讓你看到一條不一定最近，但一定是最快的路徑。最快什麼呢？既然是遊戲，就是要破關，快點到下一關，可以戀愛，不要戀戰。戀戰就是失敗了，然後停留在那個失敗的狀態出不來。

有一個重要因素，宇宙也在觀測一件事來代表你的**能量指數**，就是你的**內心寧靜程度＆外在開心程度**。每個人都要接受考驗，越強者難關越大，有的人是金錢、有的人是身體、有的人是愛情，不一定，若在難關之時，你仍然寧靜以待，不失去對生命的好奇，不失去對人的信任、對宇宙的信任，短時間什麼也看不出來。但很明確的一件事，你的能量指數在累積當中。累積到一定會上去一樓層，或連上幾個樓層，搭乘直達電梯。這些都是進入Web3.0時代、水瓶座時代，測驗最明顯的指標。

好，你已經知道新時代生存法則要考驗的是什麼——能量指數。

之於**事業**是什麼呢？我們採用**快狠準飛彈原理**來說明，有了AI就是要人類提升，就像工業時代來臨，機器瞬間取代大量人力，重複性的工作不用人了，那人要想的不是失業好難過，而是開心可以去做更有價值的事情了，心態很重要。

有了AI，人類要開心可以把時間花在更珍貴的事物上，比如AI沒有的創造力。講遠一點來看，神 之所以爲 神，因爲祂能在七天內造出天地萬物，太神了！我們人類呢，七天能做出什麼？

神 用愛＆創造力。
那現在AI時代來臨，就是加速讓我們人類重拾塵封已久的創造力。未來生活就是重複性的工作交給AI，人類負責學習宇宙的精神，創造你的事業、小宇宙、小世界、小星球。你要畫漫畫，但是沒有天份，你再也不用從學徒練個幾年，你現在只需要用AI，告訴它你要什麼，新手都能變出漫畫。你看喔，你想要實現的創意，都能變出來。善用工具，AI替你完成80%的重複性工作，你負責最重要的創意。

利潤率＝致勝率，利潤率跟創意有關。
商業角度來說，獨占率越高，利潤率越高。
公司角度來說，**無可取代性越高，收入越高。**
戀愛角度來說，**無可取代性越高，情敵越少。**

你做的事情越多人會，門檻越低，利潤率平均3成。
你做的事情越少人會，門檻越高，**利潤率平均7成。**

但是**要如何重拾塵封已久的創造力呢？**
宇宙造人有個原則，每個人都是獨一無二的靈魂，就算有人跟你同年同月同日生，命盤都不相同。切記，你是特別的，不受社會框架的你，擁有最獨特的創造力。

那要**如何發揮呢？**
世界遊戲任務的角度來說，你要找到你的目標是什麼？

選定怎樣的市場、爲哪些人群解決什麼樣的問題＝你存在的意義，也是藏在「天生我材必有用」這句古話裡的祕密。

你得告訴人們，你會什麼？你擅長什麼？
就跟遊戲中，每個人擅長的武器是不同的吧，
有的人適合拿刀、拿雙刀，
有的人適合雙節棍，
有的人適合拿弓箭，
像小李，就很適合練飛刀，
老王適合練翻牆＆飛簷走壁，
依此類推。

萬事起頭難，向貓學習就不難，頭過身就過。
我們採用「快狠準——飛彈原理」，怎麼做？
飛彈呢。先瞄準方向，要對準的目標，十字線鎖定後，發射！但飛彈並不是直直地飛去，因爲目標不是白癡，它一定會閃，再加上還有風速影響、距離、地球磁力運轉等各種因素。飛彈出發後，不斷修正，直直鎖定目標，中間行雲流水的過程都不是重點，打中才是關鍵。

「快狠準——飛彈原理」定義如下：
快：全然信任宇宙，讓你看到未必最近，但卻是最快路徑。
狠：速度。GaryVee名言，**速度比完美重要4億倍**。與其糾結，不如先推出1.0，請學習賈伯斯精神，隨時代升級創作。
準：要對準正確的目標，選定怎樣的市場、爲哪些人群解決什麼樣的問題＝你存在的最高意義。不是誰都可以成爲你的客戶或是戀人，不然商譽受損、身價掉價。請遵循20/80法則，只留下20％會爲你帶來80％效益價值的，不要把80％的時間浪費在只有20％低價值的人事物上，這會變窮。

成功家族們傳承的一個祕密，在不是生意場上的日常飯局中：

要請比你有錢的人吃飯，你才可能有機會致富。

若是你請比你窮的人吃飯，而這個比較窮的人，臉皮厚地接受了，一、代表這個被請的窮人心中潛意識並沒有想要致富，二、這個窮人不一定會感謝你、回報你，但是一定會吃定你。

這是一個法則，有錢人其實都很慷慨，但也是這樣自然而然地看出哪些人值得再來往，很多人都會想知道如何接近有錢人，但有更多的人這個酸味行爲，造成了他與有錢世界的結界，講白了，沒有基本教養，就是80%中的80%，就算有錢人坐在你身邊，跟你講話，甚至告訴你致富關鍵，你也不相信，不相信就是一種世界遊戲的屏蔽。

雷區＆未來消失職業

若世界是遊戲，富老公賺錢有幾種方式：
體力、腦力、智力、財力、心力。

體力時代，在機器誕生之時，已經讓一批人可以轉型。
AI時代，取代體力＆腦力，讓更多的人能轉型到心力、財力。

所以若你選到的是可能將被AI代勞的事業，請往上拉高一個格局看世界，比如說：你本來都是個用體力換取金錢的人，去思考有什麼機器或科技可以取代，那你心裡會慌張，那我不就沒用處了，我要做什麼？不用怕，往上拉高一個格局看世界，你多出來的時間可以去開拓市場、發展生意，你的體力能保留、身體會更好，時間也能更有價值，才是眞正地朝向富老公境界，時間富、金錢富、成就感富。**英國古語有句話：勇者不是無所畏懼，他是知道有比害怕更重要的事情，在等他去完成。**

= Ch8 本章小任務

1.請寫下或畫重點，打中你心的10句話。
2.生活中，有發現宇宙是要告訴你什麼嗎？
3.你做的事情越多人會，門檻越低，利潤率平均3成。
你做的事情越少人會，門檻越高，利潤率平均7成。
你的事業是哪一種？是在雷區、取代性高或低？
4.有請過比你有錢的人吃飯嗎？不帶目的性的飯局。

Ch09 想知道來自星星的你在想什麼？
______你的夢想黃金客戶在哪？
男女1＋1＞2 戰略

我受傷那段期間非常痛苦，醒著、睡著都會痛醒，除了打電動、看故事當麻醉藥之外，再來，就是看我最喜歡的全智賢，特別是「來自星星的你」。看著她清澈的雙眼、有趣的靈魂，不受時空的限制依然越來越美，我就忘卻我的疼痛。活出自己的光芒，吸引所有喜歡她的人群，加上時間，產生源源不絕的巨大流量。

宇宙來說，這是能量。
能量換在不同地方有不同的名稱，但**本質都是能量**。
你能量越強，想換各個想要的有形＆無形物質都行。
換錢、換黃金、換老公都行，我是說換成老公，不是把老公換掉，總之，它就是你**最強大的靈魂資產**。所以，平時就要累積能量，不要輕易散掉。

成功事業的能量之一，就是流量。

流量是每項成功事業的燃料。
流量＝燃料＝影響力＝資金
流量就是人，人是可預測的，這就是**爲什麼成功人士一定會學心理學**，心理學就是一門人類共同思考行爲模式的科學，就是科學、也是統計學，統計著從有人類開始到現在的行爲模式，有其因必有其果，想要有不一樣的明天，今天就要開始改變，今天不改，明天跟今天一樣美麗，十年後還是一樣，根本不用算命，這是宇宙法則，看重的是當下、立即，才有機會快速切換到你變有錢的那個平行時空，因爲結界一直在形成，不能被追上，不然更難，這也是**爲何在追夢想的人，比較不容易老、比同齡人看起來年輕許多，這也是宇宙法則**，當你光速位移，你的時空就會變慢甚至靜止不動，這科學有做過著名的太空實驗，是有明確數據的，雙胞胎哥哥坐著太空船宇宙飛行，回到地球後，明顯地與弟弟的容貌相較年輕，光這點，就很值得重啟塵封已久的夢想了吧。

空有好點子、好產品，都只會是一位才華洋溢的窮老公、喊著懷才不遇的窮老公，不不不，請翻轉這一切，打開流量，變成金錢，從這點過渡變成富老公。**成功真的沒有捷徑，但若世界是遊戲的話，我發現其實有祕密通道。**

才華洋溢卻懷才不遇的你很棒了，你的夢想黃金客戶在哪？從小學一直到大學，甚至到研究所都在教我們成為專業人士，但是從沒告訴過我們那客戶從哪裡來？來了還客訴、麻煩多，能否都來夢想般美好的黃金客戶呢？多金、態度好、尊重專業、回購率高的。

關鍵祕密在：
富老公與窮老公之間差別有許多，其中之一就是能量。
你收了怎樣能量的金錢，就會有怎樣的能量加諸在你身上，這句話涵義很深，請深深思考，所以在一開始創立事業時，這些未來富老公就已經決定好目標市場了，所以逆向工程、反思回來，富老公思維就會推出相應對價值的產品＆服務，並且至少5-20倍的效益，這歸屬在「土之鈔能力」，有的人就很擅長這個開創型的能力，如果你剛好這鈔能力比較缺乏，除了自己練會之外，也可以團隊合作，找有土之鈔能力的隊友一起雙贏。

而窮老公思維看的都會比較短，他們相信，只要打造出偉大的產品，或是創造很厲害的公司，那客戶就會自動送上門，把所有的金錢＆時間都投注在改變世界的服務＆產品研發、設計之中，但是我協助過大小企業家，特別是身家已經千萬到億等級的老闆＆老闆娘們都一定有一個特質，除了相信自己創造的神奇事業or品牌，**更重要的是宣傳他**

們的價值觀＆願景。開公司很容易，經營難。爲什麼每年經濟部統計新公司一年內倒閉90%以上？剩下的7年又會再倒閉90%？**倒閉關鍵**因素就是在於一開始沒有願景＆後來沒有聚焦在讓未來客戶發現他的存在，但這對於富老公是基本技能，這也是爲何要放在『水之鈔能力』篇幅，**水就是智慧，善用你的能量創造後，下一步要打開流量，善用你的智慧把流量轉換成金流，這是風生水起的奧祕，風帶來機會，加上智慧，窮就過渡到富了。**

若你有感覺到你就是將來有一天會成爲企業家，你就是有創業魂，在世界是遊戲的這個概念中，企業家不是NPC、不是非角色玩家，企業家是能夠眞正改變世界的人。不過有的NPC角色就是老闆，當老闆很簡單，公司一設立就是了，但是怎麼經營才是重點，會經營的就是企業家，兩者什麼差別呢？取決於有沒有決策力？有沒有辦法資源調度？人脈資源？運籌帷幄？眼光格局看多遠？

那如何分辨是眞正的創業魂，很簡單，看行爲，在世界遊戲中，行爲積分決定一切，說的都不算，就看他是否會升級，不會升級的就是非角色玩家，只是遊戲場景需要而設置，比如這個地方就是要有個店鋪、有間公司，那是場景需要，或是這段故事場景需要有人倒閉之類的，或是場景設置需要有一波倒閉潮就會是那些非角色玩家的老闆們，跟他資本額多大多小沒有關係，因爲沒在升級，所以世界遊戲會採取強制性考驗。但是若是會從窮過渡到富，會想辦法升級的、採取行動、再練等級的、會**漸漸有影響力改善他人生活的那些就是角色玩家，對世界更好、帶來貢獻的，就是玩得好的一級遊戲玩家**。

還有一種是覺醒中的NPC，他們便會在非角色玩家之中，對角色玩家非常有興趣，若跟著行動起來，這個過程就叫「覺醒」。可以是一覺醒來，或是有了感覺終於醒來，不過不是太容易，因爲其他非角色玩家會發現有人脫離程序，就會進行阻止，阻止的形式可能是行爲或是語言，最常見的就是情緒勒索、孟喬森症候群等等。

所以要破除倒閉，商場叫降低風險，戰場叫提高勝算，從老闆夢轉型成爲企業家，學會資源運作、升級，不是原本的能量一直消耗著、錢一直燒、燒錢比賺錢快，在世界是遊戲中就要走祕密通道，那裡有著大量、你專屬的夢想黃金客戶。不然你就算花了一萬小時練習一個技能，成爲專家，但是乏人問津，感到懷才不遇，太可惜了，別氣餒，只是還差一步，練會水之鈔能力就好，**善用你的智慧把流量轉換成金流**。

練會這個鈔能力，你就走到的成功祕密通道，就不用花大量時間浪費在不懂你、不懂欣賞你的人們身上，讓你自信心受損，宇宙法則有說，每個人都是獨一無二的，世界上一定有一群跟你同頻率的人們，他們懂你、欣賞你、也喜歡你，所以發揮你的與生俱來的長處吧，喜歡你的人們就能找到你，期待與你相遇。

窮老公思維：沉迷在產品開發。
富老公思維：聚焦在客戶的深層需求。

有一個很有愛心的企業主來找我諮詢，爲什麼說他很有愛心呢？因爲所有的客戶他來者不拒，他就是想要幫助人，所以用十多年的存款出來創業，但是快滿一年時，一點也不開心，他發現他身心俱疲，除了資金快燒光、女朋友快跑了之外，他對每個客戶都盡心盡力，但是客戶並不是那麼地尊重他的專業，反而有點把他當作負面接受器，他完全看不見這個事業的前景，他的熱情與信心都快被這些負面淹沒了，跟當初想像的完全不一樣。

發現他是個眞心有熱忱的人後，我告訴他，要改善的除了商業模式之外，不然他的金流支撐不了他走下去，最重要的是他的「富老公思維」要建立，尤其是夢想黃金客戶長什麼樣子？
形容看看他們長什麼樣子？自我介紹會說些什麼？有幾個小孩？住在哪裡？怎樣的生活品味？賺多少錢？有什麼興趣？喜歡聽什麼音樂？

以心理學而言，人遇到問題，不是逃跑就是面對解決，而**會尋找解決方案的人，就是決定了要往上走的命運**，解決完自己的，會想到別人也有這個問題，所以提供服務＆創造產品的人，就是在世界遊戲中更上一層樓的人，所以**命運給我們考驗，或是說人生給我們難題，就是在篩選人們**，由人們的自由意志決定了在世界遊戲中的上升氣流or下降氣流。
強者，就會面對問題，知道有比害怕更重要的事情在等著。
弱者，就是逃跑、攻擊、抱怨，這種都歸屬於窮老公特質。

宇宙法則說，你有絕對的自由意志決定你想要成爲怎樣的人，每個決定都是新的開始，切換到你的下個平行時空。

在我們進入世界遊戲之前，我們已經決定好人物設定、演哪一齣、何時遇見誰，中間的所有難關發生在健康、財富、人際關係這三圈之內，每個人的難題數量都是一樣多，只是放置的關卡屬性不同，就像小學大家都有作業要寫，不同科目，但題目都是一樣多，有練習、有下苦功的同學寫得快又好就可以早點出去玩、吃點心，愛偷懶的同學寫得慢、或是錯誤一堆，就一直在罰寫100遍、一直被打，大概就是這種感覺，**反正都要寫，選擇變強在人生中絕對是明智的選擇**，就是功課可以一次寫好就過關，就不要花時間寫100遍、一直被打，把時間拿去玩多好，這也是我想寫這本書的起心動念，大家可以早點破關出去玩多好，人生是來玩的，我的中心思想就是人生如戲，遊戲的戲，儘管放手去玩。

男女1＋1＞2戰略

某天，我在一間新開的餐廳用餐，到了洗手間排隊，後面來了一位優雅的老婆婆也在排隊，我看她走路的姿勢好像不太舒服，我手勢示意婆婆排到我前面，她先請，婆婆微微笑說不用不用，我心想沒關係，反正等裡面的人出來，我就讓她先使用。我跟前面那2位女生小聲地商量，能否等等讓後面的婆婆先用，一位立馬答應，另一位看了婆婆一眼後，音量不小地拒絕我，這時尷尬了，婆婆聽見了拍拍我說：這位小姑娘，沒關係，我可以等。

那位拒絕的人冷冷地：「又不是自己的家人，多管閒事。」
這一句直接踩到我的線：「敬老尊賢這是做人基本吧！別人的長輩就是大家的長輩。」
我直接拿出我黑社會的架勢：「妳喔，等等。讓。她。先。」

另一位女生原來是她朋友，馬上幫她答應，把她拉到後面去。
這時，廁所裡面的人飛快出來，說請用請用。

我一副「有事我處理」的眼神堅定地看著婆婆，婆婆溫柔地看著我，優雅地走進去。

原來那三人是一起的，那個人一直偷瞄我，說：
「妳坐在哪桌？妳知道這間餐廳老闆是我的誰嗎？」

我沒想搭理，無聊。
她開始一些想要惹事的言語。
我完全不想理，她又說：「我等等去看妳坐在哪桌！那婆婆戴鑽石耳環、又有珠寶首飾，妳不安好心吧。」

江湖走跳沉得住氣是基本，尤其還是這麼小咖的挑釁，弱弱的，不想理。我只淡淡地說：「妳那個綠色的眼線不要畫到太陽穴，遮蔽了妳美麗的雙眼，不用謝。」

這時，婆婆出來了，對我微笑著，我扶著她出去，她好像真的腳不太舒服，怎麼沒人陪她來呢？正當我疑惑時，一走出洗手間，四個黑衣小弟站在門口，馬上過來攙扶婆婆，什麼情況？喔，都是男生無法進女廁，我懂了。婆婆突然收起微笑，告訴他們等著裡面廁所另外三人出來，轉頭對我說：剛剛的事謝謝妳，請繼續享受妳的夜晚。

我也沒多在意，就先回去用餐，晚點再去洗手間就好。是一間氣氛很好的餐廳，幽幽暗暗燈光美氣氛佳，服務生突然端上一道點著蠟燭、華麗的菜餚，還說今晚全餐招待。我跟朋友疑惑著，這時餐廳老闆走來，道謝剛才的事，原來婆婆是黑社會老大的媽媽，黑社會老大是這間餐廳的大股東。
就這樣，黑社會老大他媽媽**下了道令牌**——要他罩我。

我朋友笑說：「妳在書店喝個咖啡認識國際製片，現在在廁所認識老大的媽媽，到底是？」
我：「**敬老尊賢是做人基本**，好嗎？」

婆婆說她看我一個人對三個人也不怕，很有她年輕時候的感覺，還只是爲了她一個沒有用的老太婆，覺得我腦子跟一般人不一樣，這樣太危險了。剛好她兒子事業混得不錯，專門就是保護值得被保護的人。

就這樣，巧妙的機緣下，我多了一層江湖走跳的保護，我只是想要婆婆先，沒想到反而被護航的是我。

某天，婆婆約我聊聊，她想看看我。
我不管多忙，只要她打電話給我，都一定接，因爲她已經90好幾了，我希望永遠都接得到她的電話。

她了解我在做的事情後，問我說：「如果有一對夫妻卽將失去彼此，來到了婚姻的十字路口，都不想分離，非常痛苦。那該怎麼辦呢？用妳說的那套世界遊戲有解嗎？」

我：「我不會算命，得見見本人，才知道能爲他做點什麼。」就這樣，我遇見了黑社會大哥的太太，宇宙中沒有巧合。

有一種功課叫做婚姻、或兩性關係，畢竟**世界遊戲基礎是煉金術，而眞正的古老煉金術是要兩種不同金屬才有機會煉成金，從火星來的男人＆從金星來的女人各自代表著不同的金屬**，而她相信有外星人存在，所以，我跟她說了宇宙法則之中的一條，還有一些仙女星人的故事後，她意識到要挽救他們的感情，她首先需要改變，在這過程之中，老公也感受到了，兩人成功地挽救婚姻，並且發展出一套不需要夫妻共同努力的獨特方法，只要有一人願意先改變就行了，太太先救了自己，然後又爲他人著想，把自己遇到的難關變成了系統，協助其他夫妻。因爲她沒有金錢的煩惱，但她可以增加自己的成就感，發揮自己的價値，她都自嘲自己是花瓶，但我的出現讓她變成是個非常香的花瓶。我說是她自己很有智慧，我只是個說書人，只是我家外面那個天橋被拆掉了。這段經歷，也讓我更見識到故事的威力，絕望的人們可以從故事中找回希望與力量。

在世界遊戲之中，他們善用了「危機就是轉機」這個升級的機會，人生更上層樓，不只是金錢富、成就感這項也得分。

以宇宙法則來說，再深度一層的拆解，就是……
「現在的你」去救「過去的你」，或是說
「未來的你」來救「現在的你」，因爲遊戲都是你自己設計的，都是設計關卡好來讓你自己變強，因爲有下個任務要你去執行、去體驗、去玩，所以在這場該練會的要練會，該得到的寶物要取得，不然一直進不到下一場。

再深度兩層的拆解，體驗越多，積分越多，都是爲了下輩子累積籌碼，讓你可以選擇的配備更多、選你想體驗的，沒有高不高級，只有你喜不喜歡。進場時可以體驗窮、富、帥、醜、高、矮，但是會**在你遊戲中藉由意識改變一切外在**，記住，所有的實體世界都是源自於虛

像世界，我出生的時候，是全家族最醜的小孩，所以我最喜歡的故事就是醜小鴨，每天讀，牠一開始會很傷心，後來不會，反而會欣賞別人的優點，我就跟醜小鴨學，而故事的後來大家都知道了，所以我很記得小時候被人對待的感覺，這讓我知道**己所不欲勿施於人，不會加分的話，一句都不要說**，我們永遠不知道人家會有多傷心。所以遊戲進場時我充分地體驗了醜到爆的生活，獲得的寶物就是**永遠去欣賞別人的優點**，這讓我在商場上，能夠看出誰是千里馬、調兵遣將的戰略活用。

不。要。跟。別。人。比。
只有贏過昨天的自己，才是王道。

若你現在還不是富老公，或是還未擁有富老公，在世界遊戲中你最佳隊友的特徵就是「會讓你1＋1＞2」的人。
有他在，你會有種再難都不難，好像難關都能迎刃而解一樣，不過，也有可能他是你的守護靈，但唯一可以確定的就是如果對方的存在會削弱你的能力、信心、金錢、氣質，長遠來看那可能需要留心點，就像小學時，跟你一起的同學如果功課比你好，你就可以跟他一起快點寫完、不會的還可以問他，你們可以一起快點寫完、快點去玩。反之，你旁邊那個一直不寫、偷懶、吵你寫功課，你一個人寫還本來不會被打，加上他的結果是要被打，大概是這種感覺，一個神隊友勝過一堆豬隊友。那你會問身邊都是豬隊友怎麼辦？宇宙法則，我們不能改變別人，我們只能把自己先做好來，還有去發現每個人的優點，不要小看別人、更不要小看自己。**時候到了，結界會融化，你會看到一切眞相**，跟醜小鴨的故事一樣，牠不是醜，牠是特別，人們對於看不懂就會先貼上不好的標籤，無需在意。

事業要成功，需要**爆發力＋續航力**，流量是燃料。
女人有無中生有能力，男人有使命必達的執行能力。
女性特質＋男性特質，強強聯手，想著雙贏，會比一人前進任務走得更遠、更有趣。強強聯手指的是，兩人在一起，都拿出彼此最擅長的、重視溝通、培養默契，就是最佳隊友的基本。

心理學：

人很難直接相信自己會成功，但是可以藉由別人很相信他的這股信念返回到自己身上，進而成功。所以你的隊友、人際關係、最親近你的6個人平均收入就會是你的收入水準。

○正確做法：聚焦共同利益、最大利益、集體利益。

×錯誤做法：聚焦彼此，你看著我，我看著你，久了就會我看你不順眼、你看我很煩躁。

祕密：

一起朝向**集體最大利益**，便能從窮老公早日過渡到富老公。

Ch9 本章小任務

1.請寫下或畫重點，打中你心的10句話。
2.你的價值觀or願景是什麼？
3.遊戲進場時，你充分地體驗了什麼生活？
　接下來，想要體驗什麼？

Ch10 找到使命前，先飛起來再說——放大優點100倍

很多人跟我說他們要找到自己的天賦，因爲他們來地球有使命。我好奇請問：「找到了嗎？」有的有、有的沒有，最多是...自以爲有。我更好奇這件事了，尤其是那些自以爲有的人。我現在還沒有答案，但是一有線索我就會好奇地去追。

聽說有的人只有一個天賦，有的人甚至有五個強項，某位心理學大師跟我說，普通人有**4個大運時間點**會發現自己的天賦。

我跟許多大人物深談過，發現一件事，他們在發現自己很厲害之前，都只覺得自己跟別人不太一樣，但是後來也不是眞的覺得自己很厲害，都是別人說、很多人說，才漸漸發覺好像有這麼一回事。過程之中，完全沉浸在自己的追夢、實現目標、自己喜歡的事情，非常辛苦但心中很寧靜、很喜悅。

疫情之前，某年11月底。
因緣際會，某天晚上我接了通電話，越洋的諮詢，短短10幾分鐘，了解到對方要來台灣展店，但是已經來台數次，苦思見不到Key man，已經一年多的時間了，毫無進展，拜託朋友後找到我，我初步了解情況後，**可以感受到強烈地離夢想只差一步之遙的滋味**，而這一步我剛好略懂，便直接告訴他跟那位恐龍等級的Key man如何對接、如何對戰，對方的底牌是什麼、要注意什麼眉角……四大重點。那時我認爲自己只是個小顧問，頂多接一些連鎖店跟企業高層的案子，習慣性地跟人眞心直球對決，對方很有禮教的言談打動了我，對方的口音我又覺得很可愛，沒多想什麼就把生死關鍵點通通提醒他，沒想到，對方之後告訴中間人，務必要跟我合作，等多久都沒關係，就是要等到我。

這一等，過去2個月了，我仍然滿檔。
但人家還在等，我被這股真誠打動了。

那年1月，
我反思，我得突破自己，**在世界遊戲中，我沒有升級我才會一直滿檔。**跟打電動一樣，一直有小怪，我武器or戰鬥力沒升級，才會有打不完的中怪、小怪們，然後容易掛掉。不行，下定決心後，與對方連線，正式了解後，這一戰讓我坐上直達梯，打開我人生新篇章。

我的原則是付錢後展開任務的，投幣式服務，用電動來說就是投入金幣後啟動。這是我跟許多成功家族學的一個致勝關鍵。

當對方錢一到位，
48小時後，他想要見的Key man、朝思暮想一年多的名片，以及想要下個月親自雙方見面的會議行程，我統統48hr內搞定，對方單憑一通15分鐘電話，等了兩個月沒找別人，我一點頭，錢立即匯入，這一切說明著**商場上誠信爲上**，我當然要**超乎他預期**的相應對。

我是怎麼見到Key man的？我沒靠人脈，也互不認識。
好問題，我之前在一位影視圈大咖身上學到的，每個人有自己的節奏，而越大咖的人，行程滿檔，因爲他都在做高價值的事情，我就去抓他的行程節奏，幾點可能在做什麼，中間有個小空檔，一定要在那時候連線or出現，其他時候，他根本不會理你，不是他不想理，是他在他的心流、他在他的節奏、他在他的行程中，你要在他跳出自己世界時出現。你要在他跳出自己世界時，回到地球這個世界時出現，這是第一場小小勝仗。

不過我原本滿檔的這件事，還沒完全突破，**升級需要時間**，不論學習or賺錢，只要是正確的事，**重點是：越早開始越好。**
我只跟對方簽約3個月，要達成什麼項目任務，白紙黑字。

那時，幸好我下定決心要突破現況，不然我鐵定協助不了別人。因爲隨之而來，我夢想中的工作也悄悄地實現了，飛來飛去、自由掌握行程的高收入工作。以世界遊戲來講，這是宇宙法則中的能量交換，我起心動念單純爲了他們能成功，所以逼自己突破舒適圈，對，**習慣性地很忙也是種舒適圈，因爲是非角色玩家NPC的設定代碼**。很感謝他們的出現。

那年2月
見到恐龍Key man後，雙方對戰才正式開始，中間有非常多天大的難關。包含著我自己要快速對產品深度了解&產生信心，賺寫出整套商業計劃書&戰略方針。時間飛快，我瞬間招喚各方強者，依照不同任務需要，帶著不同團隊出發，最瘋狂的是還有一位當天來回。我沒什麼優點，但是我能看出大家的優點是什麼、最強的優點，這大概是我唯一的優點，向伯樂學習，所以都在搜集高手、千里馬，更重要的是跟我同頻率的人，一談好，下週飛，不只我們飛出去，另個考驗，我的案主們是外國人，要見到朝思暮想一年多怎樣都見不到的Key man，想必是心情緊張萬分，我要提高他們的勝算率，所以我這次採用「會前會」這個大絕招。

你心想，但是恐龍Key man怎麼可能見我？
好問題，這簡單，一樣在人家最方便的時候出現，但是一定要預告。但是大人物根本沒有所謂方便的時候，有，**3分鐘對焦是大人物最愛**，流程是：**預告、預約、精準打擊、沒有廢話、直球對決**，行走江湖的祕技。我說幾天後的重要會議，爲了分擔他的煩憂、減少不必要的流程，請這兩天給我10分鐘，讓我找您會前會、簡報之。**大人物最愛有人分憂解勞**，不讓他長白髮、不讓他動肝火的角色了，當然立馬答應。我等於直接拿到令牌，時間到，刷臉走進大人物辦公室，連名片都不用。

我進門，打過招呼，喝了口咖啡，拿出手機，打開計時器：「感謝今日會面，10分鐘，**雙贏角度**，您聽聽看。」
恐龍Key man覺得很有趣，一般人只想占用他的時間，我用手機計時器，顛覆他的世界。

踩著雙贏的角度談完，只花7分鐘，包括進門到出門，10分鐘內，恐龍Key man對這場會前會聚焦談話，很開心。

過了幾天，第一場重要會議展開，外國人來到台灣，要見到一年多怎樣都見不到的Key man，想必是心情緊張萬分。我們一樣先碰面，我告訴他們，等等你們就是大老闆，負責跟Key man眼神交流，大部分的場子我來處理，**重點時候你們再說話**，他們頓時鬆了口氣，**天大的事情，心情穩定是第一**。
最有趣的是，進門後，恐龍Key man招集了11位他的部下，有三大戰將，戰將各自帶著副手，副手又帶著助理，場面不小。幸好我剛跟先給了外國案主定心丸，他們從容不迫地與對方進行見面禮儀。我跟恐龍Key man對視，他一副就是「我這邊都安排好了，放心。」，也就是說，換個視角來看，雙方最大號的人物們都非常悠哉。

很好，我環視了其他人，每個人都超緊張的，筆都捏超緊的，因爲這種場合很容易會議馬拉松，很累。我一樣把手機拿出來，打開倒數計時器，開始說話：

「感謝今日會面，這是我兩位大老闆，他們想要引進國外知名餐廳要來台灣的第一站，但台灣人完全不知道的品牌，請大家給我15分鐘讓我爲大家說明。」我拿出菜單以及各種圖片，講解讓大家瞬間進入那品牌的氛圍、理念，想要透過食物傳遞的願景，直接拉高層次，不是只說產品多好、多棒。還從創辦人初心開始以時間軸帶到現在、帶到未來，這品牌爲何要存在、想要如何發揚光大。

講到有人吞口水，太好了成功，我就看了案主們一眼，他們有接收到，就笑了。還有人直接說：「怎麼今天沒帶來？」我：「餐廳還沒開呢，就看今天談的怎麼樣了？」全場和樂融融的，這時候一定會有一個類似鬥雞的角色出現。我也不知道爲何，好像世界遊戲中有這種設定吧。

他：「大家沒問題，可是我有。」

我：「請說。」

他：「第一個問題……然後第二個問題……，等等，妳是要先回答我第一題，然後再回答第二題嗎？」

沒什麼好說的，這種鬥雞型的就擺明是要彰顯他與其他戰將不同，是要表現給恐龍Key man看的，這點小事我還看得懂。我兩位案主有點小緊張，因爲語言不太同，所以感覺會更敏銳。

我：「一口氣說完吧，我好一次回答您，幾個問題呢？」

他數了數說：「8個。」

我：「請說。」

他也沒在客氣的，像Rap一樣把問題很大聲、很猛烈地一直說，這就是**商場如戰場**，但是通常在商場上遇到這種不用怕，越大聲的人，講話不清不楚的人，就是顯示他越膽小、他在害怕。什麼根據？心理學跟宇宙法則都是這樣說的。內在虛弱就會外在焦急，反之，大人物內心冷靜寧靜，話不多但都份量很重。

我眼睛看著他，手拿著筆，直接把他問的問題通通記下關鍵字，但是我眼睛始終看著他。要處理鬥雞就是這樣，用一種不動聲色的狀態，全場懂不懂不重要，**重要的是三位大咖們全都看明白了，這樣帥死了**。

然後，我輕輕說：「問完了嗎？好，我回答你。」因爲他有些問題擺明剛剛沒在聽，只是要雞蛋挑骨頭，那也沒關係，留面子給人家，他只是要展現點什麼給Key men看。

這場會議愉快地結束了。後來，有次我在那個商圈跟某個男生散步聊天，他聽說我來，熱情地跑過來打招呼，我趕快把他趕走，之後還傳簡訊問候我。

這段故事我想表達的是……
世界遊戲中盡量化敵爲友、採取雙贏、以和爲貴、以柔克剛。
因爲是遊戲，好玩就好。
那年3月，
見到恐龍Key man以及他的團隊後，雙方對戰進入白熱化，中間有非常多天大的難關。恐龍團隊出了個難題，合約中大部分的我們都OK，唯有一項超過我的能力。**有個江湖原則，知之爲知之，不知爲不知，但我會找到誰知**。外國案主們負責處理此事，一直說要回覆我，但是都過了20幾天，因爲恐龍團隊對於我方的不斷延後答覆也是挺心急的。我在雙方的中間，我等不了了，與國外連線時，才知道原來他們都無法，也求助總部，近十萬名員工也都沒人回答得出來。他們不好意思告訴我這件事，我聽完：「哎！早說嘛，不用不好意思，我處理。」

48小時，這個問題解決完畢。

這一仗，從國外響亮到總部。
你問我怎麼辦到的嗎？我不是不會嗎？對，我不會，
但是我剛有說我唯一的優點，就是烙人，我知道誰會。
古代來說，就是伯樂，我知道千里馬在哪。所以，這篇在說：**找到使命前，先飛起來再說，放大你的優點100倍，不放大優點，不讓人知道你是千里馬，你就沒機會飛。**

世界遊戲的角度，**風之鈔能力中，風就是機會**，機會來之前，你要有足夠的練習，不是機會來了才練。
練習什麼？1.你擅長的、2.你喜歡的、3.你羨慕別人的，都是世界遊戲給你的**與生俱來的訊號**。
如果，你身邊有很多機會，但都跟你沒太大關係，那是你風之鈔能力出了狀況。你旁邊都是有錢人，但你沒什麼錢，那也是你風之鈔能力出了狀況。你身邊有很多好女人、好男人，但都跟你沒太大關係，那也是你風之鈔能力要調整，不調整就只會有西北風跟你有關係。
那年4月，
三個月的合約期限將至，我的不可能任務一一達成，我想著還有什麼我能爲他們設想的、外國人沒想到的。
有，來台灣住哪，員工宿舍、辦公室等等，已經超越案主的預期，但是他們一定馬上會遇到的問題，我想到了，也找好了。
怕他們迷路、吃飯合不合胃口、食衣住行交通工具等等，用一種不專業，但是很家人的心情把路線跑過，寫成文件、畫成地圖。等他們再次飛來，我安排了這個行程，說以後外國執行長及團隊來後的生活安排等等說明，因爲合約將至，祝他們順利。他們看著資料＆地圖，久久沒說話，然後說想要去台灣傳統麵包店，他們說很好吃但不知道哪裡有，就這麼剛好，在我安排的住宿的捷運站門口就有一間，地圖上那個位置馬上畫一個麵包，這樣他們就永遠記得了。

過了2週，他們卻突然告訴我不知怎麼地，外國執行長無法來台灣了，外國員工來台需要一個領導者之類的。然後說要續約，說要聘我

當執行長，我整個還沒反應過來，我們又談到因爲我他們才能見到恐龍key man，才有這8-9位數的案子得以進行，也因爲我代表的對外談判已經讓他們省下將近500萬，種種事蹟讓他們非跟我續約不可。看似他們很感謝我這地頭蛇的存在，事實上，我非常感謝他們的出現。

以世界遊戲的角度而言，某些人與事的出現，才讓我們有舞台展現、有能力發揮，有用武之地。有的時候，不是我們沒用，是有更大的舞台適合我們。

風來了，不飛嗎？
翅膀得先長好啊！
就這樣續約了，但我其實還未眞正突破我自己，所以又只簽三個月。
故事快轉，總共續約了三次，最後與案主們變成更核心圈的關係，中間超多不可能的任務，包括短時間內要生出50-100位員工、財務、法律等等，非常多的不可能，一直亞洲區飛來飛去，又辛苦又好玩，帶著不同團隊各種祕密攻堅，看屬性帶不同人去，因爲是保密協定，就算我到了餐廳只能以朋友的身分，除了店長知道我是誰以外，因爲只有他要參與祕密會議，其他員工大家語言不通還是想要跟我這外國人講講話、給我小禮物、小點心，很有趣，心中想著之後技術轉移就有一個月以上的時間，大家就可以好好地玩在一起了，任務中保持低調。

那年7月初，
一次重要會議，我才知道這是一場台灣代理權的爭霸戰，才知道原來**保密中有保密，祕密有分非常多層級的**。才知道有另一隻大恐龍也想要，才知道原來前幾個月讓其他地區三大恐龍爭搶這品牌，在這恐龍面前根本不算什麼。訊息量太大，在我腦中，充滿著2隻巨大恐龍在跳舞，我小到在他們腳指縫中都不會被踩到地這麼微小。
但是，拿到代理權了，我的案主們很強。

祕密有分非常多層級的，跟世界遊戲一樣要一層一層解密。

那年11月底，
總部派了重要角色Mr.P 飛來台灣看看地方、看看我。因爲從3月那次捷報回總部後，陸陸續續總部都持續了解台灣這邊的狀況。想必我當然緊張得要命，我準備了這10個月以來的濃縮精華資料＆未來計畫，我盡力了。雖有許多不足，我準備一一記下，好好改進。
這時，頂著帥氣捲捲頭髮的重要角色Mr.P用英文問我：「你這份報告是集團做的嗎？我看過資料，不是集團。」
我：「不是，是我做的。」
總部Mr.P 有點驚訝，案主們代替他問：「妳這報告做多久？」
我講了句很像電影台詞的話：「Since I meet you.」

當案主告訴我：當初最早給我那份厚厚的品牌調查報告就是這位重要角色Mr.P做的。我這就明白Mr.P爲何這麼驚訝了。

以世界遊戲的角度來說，就是剛好我填補了他的另一區塊，我採用的是「逆向工程」，倒著會贏的打法。因爲國家文化完全地不同，三者差距相當，我們得融合、找出一條路，並保留優點。嚴格講起來，我不知道會不會贏，但是我盡力了，因爲我非常喜歡這個品牌，還有創辦人的理念，跟案主們的交心。

重要角色Mr.P 飛回總部後，隔沒幾天，兩案主再度飛來，我們約在大飯店喝咖啡，他倆講了一些話，大意是說希望我能考慮加入他們成爲更核心圈，三人一起。

世界遊戲中，人跟人之間的熱度是最重要的。
之於我的中心思想就是，**要有義氣**，我是個有義氣的人，你對我好，我一定對你更好。你對我不好，也沒關係，那是你的人品，世界不再會交集，我不是富老公，但見識許多金錢、時間、成就感富足的富老公們，跟那些擁有富老公的女人們，他們都是有義氣、有熱度的人，我見賢思齊。就像跟案主們初次電話，因為中間那位朋友好心牽線，他聽過我之前讓一位案主30天攻上營業額千萬的故事，所以想到我。就像48小時內解決近十萬名員工快一個月都無法回答的問題，因為我找的那匹千里馬曾經放大優點過，所以我記得他。

找到使命前，先飛起來再說，放大優點100倍。

世界遊戲有個**隱藏式的關卡**，在我們每個人身上，那就是……往往你覺得沒什麼的，很可能是你**真正的天賦**，唯有透過放大你的優點，飛起來才知道。沒能讓你飛起來的，不要到處說是你的天賦，因為會讓你更卡在非角色玩家的程式代碼中，更無法突破。突破的就是角色玩家，特徵是會一直升級進階，卡住的絕對是非角色玩家NPC。

高手在民間，就是如此，要以禮相待每個人，你根本不知道哪天會發生什麼事讓你按到**突破的開關**。你覺得遊戲很難嗎？那表示你越強，就是這樣。然後提醒一下，要放大優點沒錯，閃一下就行了，不要閃瞎別人，該講要講，不該講的時候別講。宇宙法則有一條就在聲明此事。

這段故事想表達的是……

真正的天賦，唯有透過放大你的優點，飛起來才知道。

因為是遊戲，好玩就好，感激會帶來幸福。

感激什麼呢？

感激所有遇到的好或不好，所有的鬥雞、恐龍、各種出場在我們生命的角色。他們都是來淬煉我們成為更好的自己，沒有他們，我們永遠不知道自己有多大的能耐、多大的舞台、翅膀。

= Ch10 本章小任務

1.請寫下或畫重點，打中你心的10句話。
2.你的優點是什麼？問問3個你的好朋友，還有你自己。
3.面對商場的鬥雞or情場的情敵，你原本都採取什麼反應？現在有什麼新的思維？

PART 3

『水之鈔能力』老天爺賞飯，不接嗎？還是拿錯碗了？

「水」在西方意義是**淨化**。
「水」在東方意義是**智慧**，正所謂仁者樂山、智者樂水。
合起來，**人生就是一趟淨化自己靈魂＆提升智慧的遊戲。**

生命終了，遊戲結束時，分個人及集體2大積分評分：
個人積分：靈魂純淨度%、智慧提升度%。
集體積分：協助過多少人、愛護過多少動物或大自然。

若世界是虛擬遊戲，那與高我聯手、找到你的使命，發揮你的天賦才華就是每一輩子的**破關任務**，而認識自己指的是**過程**，沒破關的人就是Game over重來，**一直沒破關就叫輪迴**，不相信直覺就是不聽高我的話，而高我就是這輩子遊戲的主要設計人，當然還有協辦單位，可能是守護靈、守護神之類的，危險時刻會出現，而如何跟高我對話or聽見高我的指令，就是要提升、修煉、練等級，這後面土鈔能力再仔細說。**直覺力越強、破關速度越快**，若是遇見小怪都能快速過關、很快就都在打魔王，就像考試前老師先告訴我們要考什麼，人生這關要拿什麼寶物，高我會在我們需要的時候**小聲地給指令**，聽到也要相信才行，**怎樣叫相信**？就是服從，直接行動，通常你也不明白爲何要去那哪裡？爲何要打給這個人？爲何想要等等再出門？但要注意的是這裡有2種，一種是眞正的高我，另一種不是，高我讓你遵照著人生藍圖走，還沒跟高我連上線的話，至少要先跟高手連線，經由他的提點，快速通關。

還有一種人生狀況，還沒找到使命，要怎樣才能更快找到？或是說讓高我、遊戲設計主快點告訴我們怎麼破關，想去下一關玩哪！很簡單，找到使命前，先飛起來再說，怎麼飛？放大你的優點100倍，不是要你炫耀「快看，我好棒。」，不是這樣的，是**你的優點可以爲別人提供什麼價值**？以前在學校有沒有遇過一種同學，他不止自己會讀書，考得好，還會教同學，把老師講的外星話翻譯讓同學懂，自己好，也讓別人一起好，就是這種「放大你的優點100倍」。自己功課優秀但是沒人緣，或是自己好也讓別人好，眞正的大家好。

因爲這樣不斷在世界遊戲中發光發熱，高我/遊戲設計主才會更容易跟你連線上，因爲其實還有個祕密，在你的世界裡，沒有別人，高我就是未來的你，你爲自己設計這輩子的生命遊戲，然後消除記憶，跳進來玩，因爲你比其他人更想知道自己設計的有多好玩，哪裡可以修改、可以優化。

你的人生設計的越難，表示高我的你越愛自己。
你的人生越難，表示你越愛自己。
因爲，你深信你做得到，你早就知道你會成功，這都是愛。

沒有要給你心靈雞湯，是要跟你說，感激會帶來幸福的力量，感激你自己用心良苦爲自己打造遊戲，因爲強者之所以能成爲強者，必經打敗過無數高手、取得不少寶物，相信你自己就是相信未來的你，你也想知道你是不是眞金？那就看你怕不怕火煉吧。

古老煉金術的金要提煉的過程，就是元素融合後不斷、不斷提升、考驗、修煉才能成爲眞正的金。之於富老公，也就是才會成爲不可逆的富老公狀態。人生高度上得去，還站得穩。

Ch11 別想了，行動是王道——忘掉成功or戀愛，越在意他越遙遠

智慧＋內心寧靜＝水

世界遊戲中，要成爲富老公的積分，主要都是看行爲，每個人都跟我說自己很有執行力，希望我先協助他，不過用說的人人都會，有沒有立即行動才是準則，我只是遵循宇宙法則運行。心理學說，**困難都是人類想出來的，但你眞的去行動的時候，困難就不見了。**宇宙法則說，**愛是宇宙中最偉大的力量**，愛是動詞，不是名詞，指的是給出、去給予、去付出、去行動。

商場上，人們不是主動搜尋你的產品，就是要你**主動**出擊。
情場上，說了一百次想你的人，遠不如用**行動**直接來見你。

爲何放在「水之鈔能力」？
水是四大元素中，變化多端，固、液、氣態皆可的元素。
水是世界上最軟、也最堅硬的。
水，抓不住，但它加上時間又能滴水穿過最堅硬的石頭。
這也是偉大的武術家 **李小龍大師**在**動態靜心**中提到，練武術就要向水學習，三態都行、極軟極硬，爲練武之**最高形意**。

由窮老公過渡到富老公也是如此，像水一樣行動，遇到大山、大石，就順勢流過去，因爲困難都是想像出來的，流過去不受影響。流不過去怎麼辦？那就變氣體，照樣過去，這叫**提升高度**。若時勢不佳怎麼辦？按兵不動，變固態、變成冰，等待好時機到來，這叫**沉得住氣、韜光養晦**。
強者能高能低、能軟能硬，因爲深知行動才是王道，帶著智慧的行動

才是強者，擇善固執、目標堅定，怎麼到目標的別管，就是能到。**弱者**要不然就是很驕傲，要不然就是很自卑，僵硬固執，爲反抗而反抗，有勇無謀，行動不帶腦子。

別想了，行動是王道

某年，在東京，那次有個任務中的任務突然出現。

我們一行人剛工作告一段落，有自由時間空檔，有人臨時起意來去探險，去一間未知的餐廳，好像很有趣，離飯店也不遠。大家活力充沛地立刻出發，找來找去，原來在地下室，不愧是日本，眞的很美味，團隊有人古靈精怪地用了一個新料理方式，大家又更熱血全部玩起來，連服務生都覺得很好奇，但是日本文化就是比較拘謹，沒喝酒的話。

正當我們玩超HiGH時，我想著，這個台灣好像幾乎沒有，是不是可以把這升級版帶回去，這可能會是一個很好的商業IDEA。

「吃飯不要玩」，我們來顚覆這件事。因爲社會要把我們變成一個沒有靈魂的人，就從「不要玩」開始滲透，「吃飯不要玩」、「工作不要玩」、延伸到「讀書不要戀愛」、「拼事業不要戀愛」，突然間30歲，社會化養成一個沒有靈魂、不會玩、不會戀愛、事業繳白卷的狀態，然後不知道自己爲何而活。哎，不是吧，中招。

社會化設定就是要反著做，不是叛逆，

是**逆向思維，更要成爲一個會玩、有靈魂的人**。

在世界遊戲中，找到我們自己是誰。

訊號一來，行動，我走到櫃檯問：「請問店長在嗎？」

「店長今天休假啊，那我想要聯繫你們老闆。」

接下來，日本帥哥服務生的回話著實讓我開了眼界，我不懂的事情太多了，世界好大、宇宙如此浩瀚。

他微笑著：「我不知道我老闆是誰。」

我以爲我的日語講錯，我又換句話問：「那請問是誰發你薪水的呢？人人人？」
他：「直接匯到銀行，但我不知道老闆是誰，從沒見過。」

接下來一陣對話，各種比手畫腳，我才懂，他們是非常大的集團、幾十個品牌之中的小小一個。根本等級不夠見到大Boss，甚至小Boss，系統化運作這一切，員工能像螺絲待在機器裡就可以，如果螺絲掉了，換一個就行。這個講到後來，店裡大約有3-4位帥哥店員都在跟我解釋這件事，用他們畢生所學的英語，我用我畢生所會的日語。有一位拿出了集團的品牌圖，給員工了解概況用的，他們認眞的解釋，因爲我好奇地問了許多問題，他們都一一解答，但是我都沒辦法得到進一步線索，他們那個是一個閉環的商業模式，沒有要對外，跟台灣理解的餐飲產業狀況截然不同的遊戲規則。

是什麼狀況？？？
我突然想到以前看過一個故事，財富遠遠超越世界首富的那些古老家族，就是這樣，是閉環的。好的，世界很大，人類如此渺小，我又學到了。
台灣在將近100年前也有個家族，默默地興建水利、照顧神木，多處日本神社經戰後毀損殘破，都靠這台灣家族得以重建，在那個海運還有海盜的時代，爲了恢復神社、爲了人民的精神支柱，再難都不難，在別人最需要的時刻不計前嫌主動伸出援手，並且讓島上的樹，還以十倍數量加倍奉還大自然。那時的台灣人民需要糧食，透過人脈，引進優良品種，改善水道工程，創造了百年後人們早已失傳的故事，但是這份愛與用心仍繼續發光發熱，不論在台灣或在日本。
我深深地記得這個故事。這也是本書一直提到的「爲集體最大利益」提出貢獻，方爲『富老公』。這家族是最經典代表，因爲穿越時代，橫跨國家，百年永存，這就是富老公精神。

正當此時，我想著沒辦法了，但還是要了紙筆寫下我的聯絡信箱，希望店長跟我聯繫，**留下一絲希望，總比放棄好。**

我的電子信箱是由Wei組成的，有位日本帥哥店員突然：「喔！」好像想到什麼。然後看見我身上有個富士山小圖案，喊著「喔！對，富士山 Fujiyama。」

我滿頭問號？？？
他就批哩啪啦講了一堆日語，大意是說，之前店裡有一些啤酒就是這個名字，然後那是他們能見過最高級別的老闆做的，那人就在富士山上的小木屋裡。

其他日本帥哥店員也突然「喔喔喔喔！」，因爲他們都想起來那啤酒了。對我而言，超像在看日本綜藝節目的。
很好，線索有了，幸好沒放棄。

沒想會不會成功，或是見到他會怎樣，總之，任務中的任務，隔天一早瞬間移動到富士山，開玩笑的，也是好久的時間，只是想見的心讓我忘卻時間。那位日本社長在富士山上的小木屋裡，帥哥店員情報是這麼說的。

出發幾個小時後到了現場，那哪是小木屋，超級大，裡面最少可以坐1-200人。在富士山半山腰，外面充滿了許多漂亮的花朵，都長得非常有禮貌，又挺又香，令人心花開，果然聖山百聞不如一見。當我們一進門左手邊就是充滿著帥哥店員們說的Wei啤酒，我們全部的人變成昨天那樣「喔喔喔喔！」
眞的是太好笑了，眞的是不能笑別人。

故事的後來，如願見到了滿臉笑容老社長，剛好那個很大的小木屋裡面有個台灣人在那打工度假，幸好有他。

我說明了來意，但是對於老社長而言，這是他一生懸命的夢想，已經很滿足了。跟我談了他的人生智慧，這過程中，我才漸漸意識到，雖然我是帶著別的想法來的，但是比那更重要的是這不畏懼距離、高度、語言的勇氣，要是停下來思考難易度，絕對是直接放棄比較快，非常感謝這段旅程讓我收穫良多，要不是這樣可能沒法來到富士山，親身體驗世界之美。

老社長在我心田中的一幕，就是滿臉笑容對我比了兩個讚，怎麼會有人這樣的理由就遠道而來找他，非常開心地祝我們好運。感謝這趟旅程相遇的這些人，日本帥哥店員、日本隱藏集團、老社長、富士山，託他們的福我學到了一個祕密：
「忘掉成功這件事，越在意它越遙遠。」

因爲回到初心本質，我們所認爲的成功是我過往世界告訴我的，但**眞相**是：人外有人、天外有天，宇宙之浩瀚。
我們以爲的世界首富，在那家族眼前根本不算什麼，眞正要做的事情是**意識**到自己是很渺小的：「**我很渺小＆我很重要**」。

當有這個認知時，天花板就會被打開，世界遊戲就會把結界解除，我們就能看到更高、更遠的世界眞相。漸漸脫離井底之蛙，漸漸不再夜郎自大，社會要我們的成功不是眞正的成功。

這時世界遊戲會開始有新的重點加乘積分，
演算著這個，也是我們小時候與生俱來，
但長大掉了的「**好奇心**」。
我見過**身價越高的人們，他們的這個分數都超高。**
或稱之爲「**赤子之心**」。

情場、商場都是同理可推，戀愛也是。
忘掉戀愛這件事，你越在意他越遙遠。

先回到提升自己，再談如何雙贏，他怎麼可能不愛你。

我好奇這個隱藏集團？
我好奇這個社長本尊是什麼樣的人？
我好奇爲什麼這啤酒跟我同名？
我好奇聖山？
我好奇爲何世界遊戲給我一絲線索讓我追？
現在寫書的此時此刻，一寫到日本人，我旁邊就出現兩位日本人讓我快速回憶這一段，我一寫完他們也就離開。

也許，世界遊戲要讓我明白的是，在小我的世界，我認爲那任務中的任務是失敗的，不足爲提。
但以大我的世界，就是要讓我**以爲的失敗之中萃取出智慧**來寫到書中，給你們看到，讓你們借鏡，少走彎路早日成功。

世界遊戲的角度來看，怎麼行動才對？祕笈是什麼？
如果你可以**啟動直覺力**，跟你的高我或是未來的你心電感應，或是接受指令，那你破關速度就快，少走錯路、少談錯誤戀愛、少投資錯誤、提早過上任何你想要的生活。因爲會放訊號，或是提示，有好奇心就能**會心一笑**。就像小時候，做什麼都很開心的境界，回到單純PURE，這是人類一種很棒的能力。

但是呢，有一種是你的高我特定爲了訓練你而設置某些事情讓你體驗＆經歷，或是之前有好戀愛對象你不懂珍惜，所以你自己改變了路徑，只好多多遇到沒那麼好的戀愛對象，主要只是要讓你學會珍惜，學會愛，所以**感激這一切的人或事，你就會眞正的破關**，不用再重複寫這種功課，因爲你得到這個關卡的寶物了，感激的心情便會帶來幸福的力量。

好。所以你的時間就這麼多，**要怎麼行動效益才最大？**或是說人生體驗的更有價值，價值越高積分越多。

來講更深一層的。

世界遊戲是有分樓層的，如果你都是在同一層樓體驗來、體驗去，那你的積分其實不多。就像換工作，怎麼換都是同個階級，薪水真的也差不多，換男友，怎麼換都遇到渣，換女友，怎麼都把自己變成工具人，一直想著下一個會更好，結果通通都不好。怎麼破解？你會一直想辦法攻上樓，一直往上、往樓上體驗，1樓體驗完、體驗2樓、再來想辦法到3樓，依此類推，那你積分不得了了，就像換工作，一直往高層爬，收入當然翻上去。同一樓層跟上樓都是要花力氣的，要上樓就只有升級這條路，而且最重要的是，**因爲你每往上一層樓，你都會減輕你的高我身上的任務重量，他越輕鬆他就越想幫你，所以會無所不用其極跟你連線**，但是大部分的我們是聽不到高我的，不過呢，他可以給你**神助攻**，讓你許多不可能的任務巧合地達成，讓你很想遇見的人出現，或是你想都沒想過的貴人幫你一把，或是你想不通、思考很久的事情，突然打開手機或是聽到一首歌，或是路邊的人剛好講了一句話，就讓你靈光乍現了，不管你信或不信，那是他爲你做的，不，是你自己爲你做的。

宇宙中，愛是最偉大的力量，可以穿越時間＆空間，穿越重力＆維度，你現在做的每個升級、每個上樓、努力、拼命，對未來的你都是愛，你愛你現在的自己，未來的你都是同步知道的。很多人說「人生是註定的，那爲什麼還要努力？」

未來是富老公的你，你說呢？

總合以上，我們知道要行動，還要想辦法朝上走，世界遊戲積分才多又快，早日變富。**怎麼行動才對？祕笈是什麼？**現在要練「水之鈔能力』，水怎麼往上流？打開你的想像力，變成氣態就行了。氣態是小分子，也就是同樣單位，但體積變廣，換到商場上，現在進入Web

3.0時代，全面再度大洗牌，就是世界遊戲全面更新到新版本，我們要做的是體驗時代帶給我們的大禮物，網路＆AI的眞正力量。

去放大你的光，善用網路把力量凝聚起來。
有一種宇宙說法，說現在宇宙光明力量＆黑暗力量正在戰爭，我們雖然什麼也做不了，但是宇宙間無處不存在著「能量」，所以當你發出一個極微小的善念，也是爲光明力量增加能量，若你又善用網路力量，把光發出去，讓贊同你的人引發共鳴、同頻率共振，那這些力量都是會增加到光明力量的，千萬別小看。每天說好話、做好事，就是一種富習慣。
以商場來講，就是透過你的產品或服務，把好的價值觀傳遞出去，喜歡你的黃金客戶就會出現，重點是宣傳你的價值觀，你才能在紅海、藍海中勝出。

你就是美麗的蝴蝶，產生龍捲風的蝴蝶效應，光的起始點。
星星之火可以燎原，**我們每個人就是那顆閃耀的星星**，來自美麗的宇宙星際間，在地球變成種子，一起發芽。
國父 孫中山先生說「人盡其才」，就是想告訴各位的頂級行動。你的才是什麼？要明確地讓世界知道。
要成爲富老公or擁有富老公，得要找到你的**成功祕密通道**，每個人有自己專屬的，就是古人說的「天生我材必有用」。
而祕密通道在哪？那裡聚集著大量你的夢想黃金客戶，宇宙說，過去／現在／未來是同時存在的，所以他們在等你。
你要出現，展示你的願景、你的價值。
要到哪出現？這些問題上一章問號有回答的話，應該很容易，尤其如果過去的你就是你自己的夢想客戶的話，祕密都在那。

我成立『富老公×窮老公』事業＆戀愛學校時，很容易找到需要我的人，因爲我等於是在協助過去的自己，完全明白心路歷程＆各種跌跤，因爲自己過去就是窮老公的三大特徵：時間少、金錢少、成就感有待加強，雖然協助過很多大老闆、企業家，但是還是會想要廣度地協助其他人，也因爲這樣花費了許多不必要的時間，而且對方可能是非角色玩家，但我認不得，我的時間體力還要用來康復，後來我就決定不再服務非角色玩家NPC，會篩選，要找出眞正的角色玩家或是覺醒中的玩家，並協助他們快速破關，這是我的價值所在，也是我的擅長，因爲我隱約能看見他的遊戲圖，所以我能用最短的時間攻下老闆們破解不了的難關，協助他們快速過關，因爲後面他們還有其他重要任務。我反思，當我協助一位大老闆，他底下有很多位員工，進而對世界的影響及貢獻就相對地大，但當我服務到NPC，好像還會遭天譴，不過我後來明白這也是訊號，告訴我時間有限，後面還有其他任務，時間越來越少了，**希望你能借鏡我的錯誤，少走冤枉路，早日成功。正確做法是：去協助你的黃金客戶，你會感到這是一條正確的道路，雖還不確定但感到希望無窮**，特別是你不是賺小錢命的人，當走錯在賺不對的錢時，你會感到非常不自在、很累，就是該轉換的時候了。

當你認爲你沒資金、沒人脈，可是一個絕妙的機會出現在你面前，世界遊戲之中，它就是你的上升氣流，專屬你的直達電梯，進去後你就會升上去，但是有一個**要注意的**，若是很多人都已經知道的，那個直達電梯不是專屬你或是專屬少部分人的話，那不是世界遊戲爲你設置的，那是其他玩家的布局，包裝成機會。

當你認爲你沒資金、沒人脈，可是一個絕妙的機會出現在你面前，心中感到這是你的上升氣流時，你一定會有以下感覺：既期待又害怕，這是很正常的，人在面臨未知都是這樣的，要如何**破解**？就是本篇的主題：**別想了，行動是王道**。越想會越害怕，越想越不敢行動，然後你的專屬電梯就會傷心，就會關門走掉了。下次何時來，不知道，但一定是更久以後。最有趣的是，這個機會／上升氣流／專屬電梯，可能是你自己多年前許下的心願，當它眞的出現時，這叫心想事成，接下來就是要靠你的行動了。**要不然，世界遊戲不會讓你看到**，要屏蔽太容易了，你自己許願來的，自己又不要，世界遊戲將會給你設置更多關卡。害怕是正常的，不要管它，放下你的害怕以及擔憂，儘管行動就對了。

忘掉成功or戀愛，你越在意他越遙遠

商業統計，人們拒絕成功機會理由前兩名：沒時間或沒錢。當人們拒絕高富帥or白富美的戀愛機會，也是沒時間或是沒錢，但這都是藉口，這是**戀愛的天花板**，因爲對方太好而不敢前進。但是優質的人看到的是你的人品有別於其他人，**你很好，只是你自己不知道**，請別把自己當負債，繼續投資自己變資產，對方一定是有看到你的人品潛力，別忘了，他們見過許多膚淺的人們，一眼就心底有譜。
世界遊戲角度來說，機會是每一個平行時空的轉捩點，決定了玩家是向上走的強者或是向下傾向，而每個人都有時間＆金錢這兩個難關，不論多高的位子，都存在這兩個考驗，差別在於**能否看見超越後的價值**。

能，就過關。
因爲時間＆金錢這兩個是眞實存在的假象，眞正的是在考驗你的鑑賞力、你的穿透力，是否能看到背後的意義與價值，世界遊戲觀測的是這個。

「高度越高，考驗越大」，這句話你贊同嗎？
那爲何還那麼多精英要往上走？
那爲何還那麼多人要創業、要把事業做大？
以前小時候花5元都要想想、後來花500元要想想、再來花5萬元要想想、要買房子要花500萬元、事業變大要花5千萬元...etc.

這不是越來越難嗎？

蜘蛛人有說「能力越大，責任越重」，這不是要我們的命嗎？

不不不！親愛的朋友們，
「高度越高，考驗越大」，是實數世界的角度。
在虛數世界，「高度越高，考驗越少」。

每個人生階段都有不同的關卡要過，是事實，
而過關時的心情&態度是積分。

有的人註定就是過不了某些關，但是他仍舊開心能夠身爲人，仍舊善待身邊每個生命，大家以爲他的積分很低，事實上他的積分非常高，因爲他看破了，能懂這個意境嗎？
記得有位被處罰每天要一直推石頭上山的神嗎？
記得寺廟總是有位掃地僧嗎？

爲什麼？超越一切實數世界所要我們追求的，其實虛數世界才是眞的。我們修正行爲，目的是要修心。

成功不是打敗別人，而是在任何時刻都讓我們的心境寧靜喜悅，世界遊戲都在觀測這件事，心湖越波動的人能量越低，心湖越靜的人能量越高。當能量值累積夠多，想換成什麼都能換，或是說你想招喚什麼就喚什麼，也就是宇宙學的吸引力法則，萬物非你所有，但萬物皆你所用，全宇宙都會來幫你。

記得武俠片中，有的要嘛不出手，一出手就是刀要封喉，只距離一寸，用氣場震攝，還留人餘地，這種就是高手。低手就是瘋狂出拳，拳拳華麗，各個沒中要害。小李也只出一飛刀，要害那一刀。

由此可知，**高手or低手就看心靜不靜。**
心湖就是『水之鈔能力』。

「人生是註定的，那爲什麼還要努力？」

你若是為富老公，一定有答案，你會知道有了影響力，你把自己做好，人們受到你的正面影響，就能給其他人勇氣，好像自己也能辦得到，人們會漸漸地受到你的感染，怎麼你能在這麼困難的時候還笑得出來？有這麼好玩嗎？那我也來學習你。

你就把一大票深陷泥沼、憂鬱、難過、找不到方向的人們，間接地拉起來了。你的無為而為造就了你更好。

對，這就是世界遊戲要找的人。
因為是遊戲，誰能看懂＆做到，誰就不是窮老公，或是擁有讓老公變富的能力，因為妳自己做好了，愛妳的男人不用管，老公若愛妳，自己也會想要更好。通通是正向循環，通通是宇宙法則，我們不能改變他人，但是可以把自己變好影響他人。

= Ch11 本章小任務

1. 請寫下或畫重點，打中你心的10句話。
2. 「我很渺小＆我很重要」，可以打開我們的天花板，結界解除，你知道你很重要嗎？
3. 有沒有多年前曾經許過的願望，真的出現在你眼前，請問你做了什麼反應或決定？
4. 形容你的夢想黃金客戶，越具體越好。
5. 每天給自己15分鐘，安安靜靜地坐著。拿一張紙記錄著，如果我們有緣見面，請告訴我你有為自己做這件事。

Ch12 令人心跳漏拍的能力，完全制霸

在愛情電影或是日劇、韓劇中，總會出現那麼一個人，一出場瞬間電暈大家，好像靈魂都被帶走了，眼睛不自覺地跟著，他做什麼一舉手投足都令人好奇，充滿著不可抗拒的吸引力。
一出現，令人心臟怦怦跳不停。
若與他對視，不得了了，心跳漏拍。

這種魅力是一種能力、吸引力，稱之為「令人心跳漏拍的能力」，用在商場or情場將完全制霸，也是瞬間換位到上風處。
不想當工具人嗎？練
不想在下風處嗎？練
若世界是遊戲，這種人擁有的就是氣場值很高or擁有火眼金睛的能力，特色是眼睛很有神，不會亂飄、亂看，看哪都是像雷射光在掃射，定住看就有種X光在穿透。在高階20世界這種人很多，我們最常看見的某些大明星就有這種能力。
台灣最可愛的周子瑜就是。也就是非常吸睛，**吸睛＝吸金**。

那一般人怎麼練這個絕招呢？
把所有意念聚焦在眼睛，一個字「靜」

心夠靜，透過眼睛看得出來。
眼睛是靈魂之窗，靈魂之門就是你的心。

也是能量發散之地，不管面相學或很多學派都是這麼說的，這也是很多女生想知道未來富老公怎麼挑，其實，宇宙法則有說：我們不能改變別人，只能改變自己，最好的做法就是，自己先做到，別人若受到你吸引，自己就會漸漸被正面影響了。就像很多擁有富老公的女人都

告訴我一件事，女生＆女人自己先做到、做好，老公愛妳就會自動變好，這比叫他改幾千幾萬次還要有效，但**最少要跟他講過一次原理讓他懂**，跟他說要3分鐘開會，坐好，不能什麼都沒講過就批評對方，這樣沒有**溝通**，溝通的意思是：你說完原理跟好處，對方也確認有聽懂，**兩邊沒有訊息落差**，才是基本溝通，進階版是**白紙黑字**，沒有誤會。

正眼，看人時正眼看、不斜，因爲會斜表示有邪。
定睛，不亂飄，心定者，自然穩，見眼如見心。
心靜，靜靜地看著對方，你的高我就能跟你連線，可能可以告訴你眼前這一關卡的一些事情，因爲**靜靜地看對世界遊戲而言就是在傳輸**，若一直眨眼，就像訊號不穩、傳輸失敗。

對，靜靜會告訴你很多事，
所以男人一段時間都需要去找靜靜。
因爲男人本身就是太陽屬性，與宇宙的連線比較容易，所以世界上很多大師都是男人，就是這樣。

本能地他們會放空，放空只是走入門口，看起來變成石頭、或是木頭，他可能在接受中他自己不知道，最重要的因素就是旁邊的那位女人，如果女人沒讓他靜靜，在這過程中，中斷他的接受，那就眞的會從放空往下變成石頭，生活漸漸少了情趣、調情的能力。蝴蝶變毛毛蟲的過程中，千萬不能打開是一樣的道理。

所以有智慧的女人發現這點，就會讓男人正確地去受訓，徹底了解如何正確接收的原理、過程，他就能輕易地從放空這個層次往上一樓，正確地與宇宙連線，破關就會輕而易舉，成爲妳的蓋世英雄or白馬王子。
一生中最大的投資就是娶對女人，一個對的女人、家族興旺三代。這句話，你知道是誰說的嗎？

以宇宙來說，眼睛就是黑洞，當人們進到你的事件視界後就出不去了，被你眼睛這黑洞吸引住。

若眼睛吸力還不夠，第二個加強的方式就是，以逆向工程來說，有黑洞一定有白洞，黑洞爲吸、白洞爲吐，沒有黑洞可以先創造白洞，**白洞＝吐＝給出＝爲人們做些什麼正向的事情、做些有意義的事**，自然而然宇宙法則就會在你身上啟動。

意義越大or人數越多or時間越長，你這白洞漸漸會顯化出黑洞，也就是**你的眼神會給人一種令人心跳漏拍的能力**，各種場子只要你想、你要、你就可以完全制霸，當然，你也可以選擇隱藏，通常**高手是會隱藏，因爲智慧較高的人都看得懂**，高手不會爲了證明而證明。會瞧不起別人的都是低手，不用在意，因爲他瞧不起自己又不懂虛心求教，所以低手結界很多、四處碰壁。正確做法是：見賢思齊，別人有厲害之處，要虛心求教。

這也是大明星們爲何這麼吸睛＝這麼吸金，明明唱歌或是演戲可能不是最頂尖，但就是有他就賣座，因爲他在世界遊戲中擁有了這項能力，影視圈大佬們也告訴我個祕密，爲何明星隨身攜帶墨鏡呢？因爲眼睛是能量發散之地，要能隨時保持電量、保持電眼的能量，要阻隔外界用的。影視圈大佬們也傳授我一個讓**眼睛能量回流、瞬間極速充電的古老健康祕招：**

「將雙手搓熱，手心窩對著眼窩輕輕放著，一眼一手能量自心臟傳至手心來到眼窩。」

有次，我在國外剛好有段空檔時間，那裡一位影視圈大佬問我有什麼想去的地方，我回答：久仰大名有間電影院，台灣沒有我想去那裡看場電影，他抽空買了票帶我去見識見識。還剛好是全球最紅的電影剛上映，他輕鬆搶到票。

電影很好看、電影院也很特別。但是最好笑的事情是，電影到了很緊張、緊要關頭，眼前兩個主角到底哪個會死掉，身爲觀衆的我被劇情營造的氛圍抓住，心中大喊：不！都不要死！

影視圈大佬撐著頭淡淡地說了句：片酬高的，給我死。

然後，那個片酬高的，就死了。
哎，專業。

比電影更好看的是我們心中的美好回憶。
人之所以爲人，是因爲我們有記憶。
我們要在短暫的人生中，創造人之間的美好記憶點，不要把時間浪費在抱怨、記仇、復仇、後悔。

人生如戲，比電影更精彩的，就是正在演這齣戲的你我他。
你喜歡讓自己演喜劇還是悲劇呢？
來看富老公這本書的你，是想演商業大片or愛情賣座片呢？

以世界遊戲的角度來說，可能剛好你的人生階段就是要演一個什麼樣的角色，不管你喜不喜歡，那就盡情投入演好，不然導演就會叫你一直重來。就是這樣。

我腳不能走的那段時期，各大醫院的名醫們都說一定要動手術，半月板軟骨是長不回來的，剛好那時某知名籃球明星也受這個傷，他就是去動手術、復健。那時，我讀到宇宙法則之類的故事，發現一些祕密，**意識能反轉一切，不管怎樣我信了**，然後我在沒動手術的狀況之下完全康復軟骨長好了，醫生們都說是奇蹟。我不知道算不算奇蹟，我只知道我現在片酬不高，還有任務，不能死。

總之，**意識決定一切。**

這也是三維的我們，如果想要揚升到四維或是零秒差立即實現的五維世界，這是在三維就基本要訓練好的。

你想要的真的出現在你面前，你爲何不敢向前伸手？
這個伸手時間落差，宇宙電腦都在計算著，他就是推演到你與成功之間的距離差，**越快伸手行動成功越早**，你不能站在原地然後說著希望成功早日到來，宇宙是不會理你的。
宇宙也不會一直放機會給那些言行不一的人，只會把機會一直放在有膽量的人面前。你永遠不知道下一關有多難，或是說有多好玩？

Ch12 本章小任務

1.請寫下或畫重點，打中你心的10句話。
2.有意識地使用眼睛，正眼、定睛、心靜，21天即可，拿紙記錄著，有意識到做對時，劃下記號。
3.眼睛能量回流、瞬間極速充電的古老祕招，早晚一次，視力恢復。沒近視的，一個月變水汪汪桃花眼。
4.你喜歡讓自己演喜劇還是悲劇呢？你之前人生的都是什麼劇？
5.來看富老公這本書的你，是想演出商業大片還是愛情賣座片呢？接下來想爲自己演什麼劇呢？

Ch13 如何早點成功？成功沒有捷徑，但有祕密通道

這一篇來講「時間富老公」。

人家爲什麼要找你解決問題？爲什麼非你不可？
找了你？你的商業模式，也就是收費模式對了嗎？

神／宇宙／遊戲最高造物主很公平地給了大家一天24小時，也讓我們大部分的人從非角色玩家的生活模式體驗起，**目的是要先了解祂創造的基本架構**，再看看哪些人會看破、看破紅塵、跳出框架，**祂示範在先，我們學習並創造之於我們的**，這些都讓宇宙電腦觀測著。

平行時空中，有的你很早就發現這件事並且行動，有的你猶豫再三，因爲害怕失敗。有的你**採用祕密通道，直接把窮的你跟富的你對齊，頻率對齊，直接時&空折疊，快速變成那個富的你**。當然，你也可以不跟自己的高我對齊，因爲你想要多多體驗窮困的你是怎麼生活的？這是自由意志，可能有什麼目的，記得**保持寧靜的心，才能發現祕密**。

你心裡想，怎麼可能？我明明就不想要這樣，誰喜歡窮。那我們來做個實驗，來賭。我用你自己證明給你自己看，你現在在書的最後一頁的右下角寫下今天的日期，然後把這篇看完。我把祕密通道寫在這，你之後回來看，這個已經知道祕密的你如果有行動，你已經是不同的你了，請寫信分享你的心情給我。

我見過一位頂級大人物，他的江山地位創造的金錢數字是能提升台灣GDP的等級，他告訴我，他的人生三次大運的故事，但是在大運之間都是極度貧窮的日子很長，在大運來之前，幾乎是過著乞丐的日子，

但是他都**保持自己的尊嚴、氣質、教養**，沒人相信他沒有錢，他一生總是對人好，別人有難掏心掏肺，家人有難出錢出力，這一切看似不公平，他從無怨言，都反思自己，而宇宙量子電腦都在觀測著，直到有一天，**時候到了**，他的貴氣指數超標，大貴帶來了大富，從此通過所有世界遊戲的考驗，他穩穩地過著平凡的不凡生活，有著他的盛世王國，跟隨他的人們都繁榮茂盛、快樂喜悅。

一切的發生都是有意義的，不要過早妄下定論，有時候體驗極度窮的日子，是要讓我們學會珍惜、學會就算**沒有錢依然愛自己不變心**、學會把錢變出來、學會**感激至少還能活著**，**只是沒錢又不是沒命，今天睡好、明天再戰**，這都是有可能的，端看各位發現了什麼寶物，這是遊戲給我們的一種鍛鍊方式，只是透過貧窮，過關後更強大，因為**貧窮是一種高級的考驗**。像很多富二代，就無法享受這種高級考驗，為何說是高級考驗？因為**沒錢的時空會激發出本性教養、氣質、潛力、戰鬥力、創造力，這幾個能力都是通往貴氣的直達電梯**。所以不需要羨慕別人，每個人的考驗都是不同地超級好玩。**貴氣是富老公的終極祕密通道，堪稱奇異點**。這是我從這位頂級大人物身上學到的百億價值的智慧。

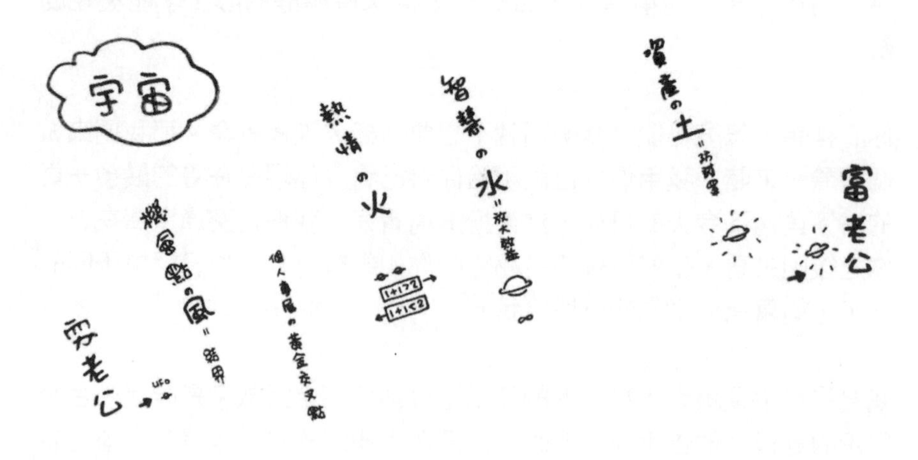

如何早點成功？人人都想要早點成功，
成功真的沒有捷徑，但我發現有祕密通道。

商場上，如何空間摺疊？
先假定你的產品or服務對市場是**高價值的**，這是首要條件，請不要生產垃圾，大自然會討厭你。

時空A：你已經準備好你的產品or服務，慢慢推廣理念、努力行銷、挨家挨戶拜訪、各種陌生開發etc.
時空B：你還沒準備好，但先行銷、先賣，有金流才生產。
時空C：你準備了初階送客戶的免費產品or服務，然後收集名單，再進一步推銷進階價位的產品、一直到高價位。
時空D：你打造了個人或是品牌流量，有名氣，後來想到要把名變利，才來思考該怎麼做才不會給人那麼商業化的感覺。

以上都是主流做法，都對，成功時間長短不一，享受過程酸甜苦辣不一。因為你在世界遊戲中，本來就是在享受，品嚐生活的苦味、或是甘味、或是人們的酸言酸語、或是客戶不買單的嗆辣感。都對、都好，不需要覺得不舒服，因為心情感覺都是會回報給大聖靈／宇宙造物主。但是若你不喜歡這樣、覺得不舒服，那來講更深一層的……

宇宙中，航行時，需要空間摺疊，你那艘太空船勢必能量要先具足，能量不要隨便發散掉，之前提了很多如何做，再來，第一個重點，你現在在A處，你要摺疊到B處，B處是什麼？
「啊，就是變有錢啊～」

不不不，親愛的朋友們，那是座標設定，意思就是**明確數字＆參數、方位**，三位一體，少一個永遠無法空間摺疊，明白嗎？你打開手機，地圖衛星定位產生一串數字＆方位，就是這樣。
第二個重點，空間摺疊要成功，除了B處座標明確之後，到了B處就是要前進C處，C處是哪？？

第三個重點，去C處要做什麼？
如果這題沒設定，也同樣永遠無法空間摺疊，明白嗎？

舉例來說：A處叫做「我想要創業」，B處不叫「變有錢」，B處設定「開公司、一年營業額千萬、淨利潤多少%、專門銷售白髮變黑髮產品」，C處叫「做好品牌經營＆準備上市上櫃」，要把自己的例子套進來。因爲最基本的三點不明確，就會發生以下狀況。

世界遊戲白話文，叫做「卡關」。
事業商場的角度，叫做「貧窮」、「燒錢趕不上賺錢」。
所以要成爲時間富老公，都要學會空間摺疊，這是基本盤面，而且會這絕招，不容易老。這在科學界有過無數實驗，因爲人類以光速在運動，就會比一般前進速度的人們看起來更年輕、凍齡，甚至退齡，這是宇宙學。所以一步一步實現夢的人，都會鼓勵大家，勇敢去實踐心中夢想。有夢最美，因爲你在光速前進。夢想雖如星星般遙遠，就算沒成功，至少不太老。所以**夢想不要設定太近的，也不要太遠根本做不到的，有點難又不會太難，你才能啟動光速前進**，不然幾秒就到的那種不算喔。

不要小看自己，你沒那麼弱。

宇宙造物主創造了你、獨一無二的你，也賦予你無窮的潛能，**相信是把鑰匙，相信自己做得到，就能打開無限潛能開關**。什麼時候打開都不嫌晚，跟年紀沒關係。

剛講的世紀祕密，在世界遊戲成功中，只是基本，但是你若天資聰穎，光看書，收入一定會增加一個位數、兩個位數、甚至三個位數，這有統計根據。但是你想要的不只這樣，只是欠缺指點眉角，請寫信到學校，因爲每個人需要的不同。

弱者因爲漫無目標，把**80%時間浪費掉**，所以只能80個人一起分20%的金錢。強者因爲實現目標，把**80%時間高價值輸出**，所以就會20個人一起分80%的金錢。小至個人時間運用、大至企業體、甚至全世界都符合這個運行規則。

落差幾倍呢？

再來，我們在講更深一點點點的……
光是剛剛的「時間富老公」不夠，
富老公就是要帥，要帥就要帥到底。
我們來去看看下一個時空會如何？

等等，去之前，剛剛上面往上數第五行問題你馬上去算的話，恭喜你，非常有富老公潛力，請告訴我，可能很多女人要認識你。我就說世界上好男人是很多的！
什麼？妳說壞的比較多，那沒關係，阿嬤說修一修就好了。

時間富老公，來去看看下一個時空會如何？

時空E：你準備好高價值產品＆服務要造福大衆，採取逆向工程原理。
所以你淸楚知道C處是什麼，甚至D處，不不不，事實上你知道你的終點，X處在招喚你，那就以X處開始逆向。

若是採用時空ABCD的做法，基本上可預見的就是要從A出發，經過BCDEFGHIJKLMNOPQRSTUVW，然後才到X處。
但是我們到了X處，也要有命花、有命玩、享受才行。

50歲富貴雙至，或是80歲大富大貴，是兩個境界啊～～

宇宙法則有說到這件事，事實上，非常可能不是照著這個順序走，其實你得要跳來跳去，通過L處、再跑遠到O處、再往後到V處、接著再折返非常遠回到E處，你就可以直達目的地，因爲財富就像開金庫得左轉右轉，要照它的一串代碼操作才打得開，沒有什麼道理但就是照做就能打得開。

因爲途中你有高人指點、有貴人相助，所以你將順利到達。

時空E：逆向工程原理＋空間摺疊＝走**黃金交叉點**
在X處的你＝你的高我＝最有錢的你

你不要走別人都在走的BCDEFGHIJKLMNOPQRSTUVW路徑，迷路機率大。要具足能量，能量夠，就能A到X。
能量不夠，就用時空跳躍，A中間途經幾個點，然後到X。

如何具足能量的細節，在土之鈔能力的黑鑽石細說。
簡單講，1.靜心是最快。2.不要浪費不必要的時間、金錢、體力。3.要跟比你優質的善良人相處。4.要往上給出，不要凡事理所當然。
能量很聚不易，要散很容易，跟錢財是一樣的。

也就是不斷累積正面能量，夠了就折疊，能折多少折多少，能量不夠折疊就時空跳躍。還有一個重點提醒，X處的你，勢必是爲大我、爲集體利益著想，才是眞正的富老公。若是小我思維，那全是幻想，最後會一場空。這是**世界遊戲的規則，終點不對，全盤輸**。

好了，那怎麼時空折疊？怎麼時空跳躍呢？

講個小故事，某個案主同時要展2間店，因爲逢低進場，簽約太合算，對我而言，任務就是短時間內要出現100位員工，我在那個國家時限內要完成，但是還有其他事務，我就採用這個方法，一呼百應，天兵天將100位，縮小精煉後，我要七名戰將去特訓他們，廣度跟深度都顧到，因爲我不是要100位烏合之衆，不要湊人數的，要實戰派。七名之中再選出左右手，兩者互相制衡，我只需要重用左右手，當然爲了減少風險，還有一個副手，嚴格講起來有三個分身，我重金賞他們，重賞之下必有勇夫，這不可能的任務短時間內就過關了。

類似一種空間折疊，這故事你可以**舉一反十在你自己身上**。

假定你要做一件事，目標10000，
單位自己設定，金錢、人數、黃金都行。

你自己找10000，或是你鎖定菁英100，
那100有影響力、有號召力，這也是**孫子兵法的借力使力**。
你一呼百應，是呼出天兵？還是呼出天將？反映出你過往人脈，吃飯相處的都是投資在哪類型的人，發現自己呼不出天將也沒關係，**當下改變，未來的你會感謝現在的你**。還有一種可能你以爲的天將其實是天兵，這個需要慧眼識英雄，要訓練自己的慧眼。很多人都會說自己執行力很高、見識廣，眞正大場面一來，完全不行，各種理由臨陣脫逃，總之就是上不了大場，所以爲了確保你自己能打贏勝仗，需要降低風險，各路高手都要維繫好關係，成爲你的口袋名單，平時觀察小地方，**見微知著，高手的特徵是非常低調**，低手的特徵是大肆宣揚。

強者會有「慧眼」，能識英雄、辨將才，所以不是有貴氣或相當高度的人，是看不懂軍師這行業，這很正常。
弱者會有「穢眼」，別人再好都是瞧不起，很難看見別人的優點，好的看成不好的，絕口不提稱讚。

上次跟一位上億身價老闆講完這段如何用將才，他高興地直接開香檳

答謝。然後過兩天，請某位高層走路，營業額就開始順了，因爲底下員工們的困擾終於解除。

用中醫的角度來講，這個叫「氣結」，氣不順打通就好。弱不弱跟地位高不高，未必畫上等號，因爲**可能場景需要，所以世界遊戲安放一個非角色玩家的高層，看看身爲角色玩家的大老闆能不能過關。**

回到剛剛假定你要做一件事，目標10000
你自己找10000
或是你鎖定高手10
那些高手10，代表著有影響力、有號召力，更強大。
記得復仇者聯盟那經典的一幕嗎？就是那個畫面感。
要拯救的不只是地球了，是宇宙，一個英雄怎麼夠呢？

你的目的是要**早點成功**，一人英雄的時代已經過去，所以呢？所有的精心布局，每一步棋都要提升勝算率、升維打擊、升高維度行動。平時就要維繫好關係，好的、**高價值的分享**，不要有事才登三寶殿，人與人之間是互相的，**在世界遊戲中用遊戲的心情找到相同頻率的夥伴**，雖然大家身處各行各業，職位高低不重要，切記高手在民間，記得周星馳電影功夫那一幕嗎？以心理學來說，人有一種補償心理，你敬我一尺，我敬你一丈，你對我好，我就會想要對你更好，**互敬互惠，知恩圖報，這是人性的基本**，若是只拿不給的人，表示已經喪失人性，速速斷捨離，因爲這種喪失人性的人，會在你上升時扯你後腿，**代價很大**，在世界遊戲中，這種是NPC非角色玩家，特徵是拿多給少、只拿不給、情緒勒索，不需罵、無需說，因爲他已經被程式代碼鎖住，聽不懂你說的話，他會覺得你是錯的，因爲他已被鎖在二元世界只有對錯，當然都是你的錯，對都是他，請敬而遠之。

別忘了，人際關係要好，**首要原則要成爲別人的貴人**，要去給出、不是索取，索取的人都會成爲跪人。給出有很多形式，不因善小而不爲。

「時間富老公」步驟：
列出名單、找到他們、邀請他們加入你的合作，告訴他們誰已經加入你了，用理念願景說服他們，像古代蘇秦合縱連橫、復仇者聯盟一樣。重點是**誠心誠意**。

這是一步**「廣度」的棋**，下一步你的**「深度」的棋**也要搭建好，如何深度經營你的重點客戶，持續保持高價值輸出＆熱度，讓他們感覺到你都在、有你眞好、最好是非你不可，你是那領域的權威，**信任感累積才是核心**。

深度經營這個都有工具可以使用，進入Web3.0時代，或是說進入水瓶座時代，就是要告訴我們，世界遊戲規則重大更新中。
重新洗牌，我們要順勢而爲，善用AI，它的日漸成熟是要來協助我們時空折疊成功的廣度＆深度，更輕鬆地達成。

人類時間有限，但創造力無限，在有限的時間內做到最大的發揮，你原本以爲要1年達到的收入，可能只要1個月，這就是一種時空折疊or跳躍。你說穿越？也行，就是成功提早到來。
以世界遊戲而言，虛實一物兩相，實體世界叫做錢，錢的本身不值錢，在虛數世界就叫信任。錢＝信任。

所有的時間與金錢都要從20/80法則去運用，你就能反轉一切。

成功沒有捷徑，也沒有一夜暴富，時間富老公三個關鍵：
從你的黃金交叉點進去，走祕密通道＆越早出發越好。

= Ch13 本章小任務

1.請寫下打中你心的10句話。

2.最後一頁右下角寫下今天的日期。

3.請寫下口袋名單，若有好機會想要邀請誰，讓你如虎添翼。

4.寫完發現什麼？太少就開始搜集高手吧，還滿多的，恭喜你，好好繼續維繫人脈。

Ch14 老天爺賞飯，加速你的回收期

#老天賞飯
某年，看見一個人
心想：「這什麼工作我看不懂，但好帥啊！」
好像沒做什麼，但他可以搞定一切難關，我也想像他一樣。

後來，默默地，我就變成顧問，但同行還有上下游，都說我工作範圍早超過顧問，但始終找不到什麼職稱來說。

老闆、企業主暱稱我是軍師、007、臥底，連金城武都出來了，反正大家有自己一套看世界的邏輯。

悄悄地，因為低調、不廣告、不po文，很多祕密商業計畫都有幸參與，原來業界需要這號人物，所以我接連的客戶案子經口碑相傳，全都是簽保密協定。

怎麼說呢？
很多成功人士要打一場勝仗，
勢必掌握關鍵參數，越多越好，
但風聲不能走漏，不能被競爭對手發現

所以哪時會出現在哪，
不能留下線索，
還是團隊行動，更要謹慎，
不止台灣、還有亞洲其他國家，
原來有這種工作剛好適合我，
餐飲界、商場、醫界、演藝圈、藝術界、YouTuber、戀愛etc.

因緣際會、誤打誤撞、一股傻勁，我就進入這個世界。

「最近在做什麼啊？」
「怎麼很忙？」
「都不用工作的嗎？」
「又出國，很飛耶」
「是不是沒住台灣了？」

反正，
我看起來就像個無業遊民，
考察時裝路人一直打電動，
然後一直飛來飛去，一直瞬間移動，只有團隊知道行程，說我像個情報員，擁有很多參數情報、低調走跳。
「維，有個案子卡的進來嗎？」
「維，這關過不去啦！」

我說可以就可以！
聽起來很Happy，
但其實難到爆，
假裝沒在看、雷達要全開。

重點是……沒有前輩，
只有任務限時完成。

不過，
最感謝的是我擁有許多行業老闆／高層／貴人的信任＆賞識，
我聽過許多故事，
我聽過許多酸甜苦辣，
因爲我很路人，
所以我沒有包袱，

我可以爲他們分憂解勞，
成爲他們的神隊友，
也許這是我存在的意義。

我稱之爲 **老天賞飯**。

你的呢？

不到30歲獲獎無數，不到40歲從最高級地段的房子搬到100坪獨棟別墅，全靠自己白手起家，有名氣、有地位的某位案主。我們相遇的那天，我窮到爆炸，邊工作邊接畫畫的案子，坐在台北的咖啡廳猛畫，由於太入神，用色鉛筆一層層堆疊，希望栩栩如生，畫得每個小圖案都像浮起來一樣立體感。

3位業界大佬就坐在我旁邊，我絲毫沒有注意到，我太專心忘我了，一直把圖紙轉來轉去，希望畫的角度都面面俱到。

但是他們注意到我了。

其中一位是電影臥虎藏龍的國際製片之一，雖然他在疫情期間過世了，訊息永遠停留在逢年過節的祝福話語，跟他傳給我的長輩圖，但爽朗的笑聲令我印象深刻。
就是他，故意把外套往我這邊放很近，但我沒注意到，他就默默地把外套一直移過來，直到我瞄了一眼，他就順勢講話了：「啊，不好意思，放太近了。」

我轉頭微笑：「沒關係。」
保大哥繼續說：「我偶爾跟朋友聚聚，太開心笑得很大聲，沒打擾到妳吧？」

我微笑：「沒關係，盡量笑，笑對身體好。」
我心裡想，所有動物都沒辦法笑，笑是造物主給人類的特權，能的話，真的要多笑，**一笑解千愁**。

保大哥笑了，隨意聊了幾句後，我繼續沉浸在畫畫中，一通電話打來，朋友跟我說之前寫的故事，深圳熟人要牽線影視公司的好消息。

我電話一掛掉，保大哥馬上指著他對面，三人之中最年輕的那位說到：「小姑娘你可能不知道，這位是國際製片呢。」大人物有個特點，身旁的風吹草動，他們都靜靜地在觀察著，該出手會出手，而且這樣特別容易好運，小人物只會聚焦在眼前一個鑽牛角尖，這樣很容易錯過幸運。就像那時窮到爆的我一直盯著我的畫，天大幸運就在我身旁都沒注意到，還等遠方好消息咧，幸好大人物們注意到我。

嚴格講起來，那時的我根本不知道什麼是「製片」。

我：「你好。」
他：「有什麼問題可以問我，不過我能看看妳在畫什麼嗎？」

我正在畫一個蜜桃星球飛來拯救地球的故事，但是中間的圖案遠看都浮起來的感覺，他坐在我的左斜方，從他的角度看過來圖案都是浮起來的，又只用色鉛筆，所以很好奇。

就這樣，初次相遇。
沒想到，人生故事就是這麼奇妙。

某年某天，我已經開展飛來飛去的生活了，漸漸體會到什麼是「我的人生方向盤，我自己掌握」。

某個午後時光，

我們坐在一個高樓喝茶，一個看得見直升機停機坪H的窗邊。

我指著那棟：「那棟大樓的老闆眞有眼光，有直升機停機坪，人生懂得賺錢又懂享受，有玩具呢。」

不一會兒，突然起了大霧，窗邊所有高樓的美景全部消失，只剩白茫茫的一片。

我開玩笑：「你看，如果世界是遊戲的話，這就是遊戲設計者要告訴我，現在有比風景更棒的事情要我去發現，所以先把景色關掉。」

他看著我，都沒眨眼。
說了一句：「金錢＆時間就是這樣。」
我：「？」

他告訴我：「金錢＆時間是幻相。」
我：「？？」

我好奇了：「如果金錢＆時間是幻相，最重要的是什麼？」
他：「學會愛。」
我：「愛是什麼？」
他：「學會愛＝學會給出。」

我：「心靈雞湯？」
他：「不是雞湯，事實上，從80世界往上看20世界，晉升上流社會、嫁入豪門，從此榮華富貴，80嚮往這樣，對嗎？」
我：「對。」
他：「通往20世界的道路，邏輯上，就要成爲一名商業人士，進而成爲一位**成功的商業人士**，對嗎？」
我：「對。」

他：「這就是80世界的**天花板**，商業人士就是一種天花板，所以很多人出來創業，然後一年內倒閉90%，撐到第7年的又會在刷掉90%。」
「妳知道創業家＆企業家的差別是什麼嗎？」

我：「只知道資源分配、調兵遣將、高度格局完全不同，創業家只想到自己會什麼就做什麼，企業家會以大格局爲重，做一切最好的資源分配＆協調，好讓雙贏or多贏。」

他：「一句話表達？」
我：「創業家只想完成小我，企業家想著**如何成就大我**。」

他：「小我＆大我，定義是什麼？」
我：「**小我＝個人目標實現，大我＝集體最大利益。**」

他：「對，所以成爲成功商業人士，就是要成爲企業家，想著如何成就大我。這一步若錯、思維錯、終點就錯。」

我：「那要通往20世界的道路，思維是爲最大利益著想，並且具備一名企業家該有的，就對了嗎？但是金錢＆時間怎麼會是幻相，確實生活中就是會被它們打著玩啊？」

他：「妳剛聽到『學會愛』，認爲是心靈勵志，對嗎？」
我：「對，因爲生活中就是會被金錢＆時間打著玩。」

他：「我用商業角度分析給妳聽。」
我狂點頭，準備抄筆記，雖然我是用畫的，我每次可以把他們講的話＆畫面，畫下來，他們都非常喜歡。因爲他們講的話都很有感覺、很有畫面感，文字不足以表現那些意境，形意的學習更能接近精髓。

他：「從80世界往上看20，會看到天花板，這點妳明白嗎？」
我：「喔，用遊戲來說，就是結界，也就是說，我上不去20世界，表示我一定不知道路，但是若我能上去，20世界的我就一定知道通道在哪！」

「喔！等等……那如果是從20世界往下看呢？」

他：「很好，妳開始上路了。」

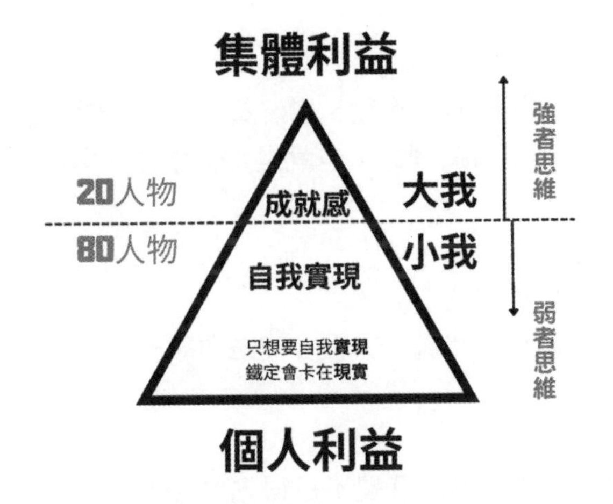

雖他們稱我是軍師，
我在解決案主們的困擾，
同時，我也跟他們學習智慧。

也因爲我能與他們交心、敢講眞心話。
同時，他們更願意傾囊相授，告訴我他們成功的祕密。
傳承了上百位成功家族的祕密，就是這樣來的。
若世界是遊戲，沒有人僅能憑一己之力連續過關。
助人者，人助之，雙贏。
這是世界遊戲要我們發現體驗之美好。

我：「等等……那如果是從20世界往下看呢？」
他：「很好，妳開始上路了。」

他：「人來到地球上就是要學會愛，也就是學會給出，你不會先給出，先為他人最大利益著想，那就是很難賺到錢。」

「但妳觀察那些成功的人，他們不是想著，等我富有我再對人好，他們每一個產品或服務都是先大量資金投入、時間體力的投入，對吧？」

我：「對，可是大部分的人不敢、也沒資金，怎麼辦？」
他：「所以80是80是有道理的，也就是會被鎖在非角色玩家。**除非他奮力要醒**。」

我：「這能說醒就醒的嗎？」
他：「記得我說過那年我為了讓很多沒法買車的人有能力買到自己的車的事情嗎？」
我：「記得。」
他：「要讓他們有能力買，我是不是得先付錢才行。」

我：「對，這不是小數目。」
他：「是啊，而且當年我才20幾歲。妳相信錢是可以變出來的嗎？如果妳真的夠參透宇宙法則，一定知道這件事。」
我：「我相信錢是可以變出來的，但還不夠參透……請問怎麼做呢？……剛說到如果是從20世界往下看呢？」

他：「我們來講深一點的，宇宙有個『熵』，對吧？」
「想要收，就要先給。」
「你以為你在給，其實你在收，這跟太極的原理是相同的。」

我又抄筆記：「你知道的太多了，能多說一點嗎？」
他：「我們在虛實世界，意念決定一切。」
「就是說意念在虛的世界**形成**，然後在實的世界**成形**。」

我忍不住拍手。

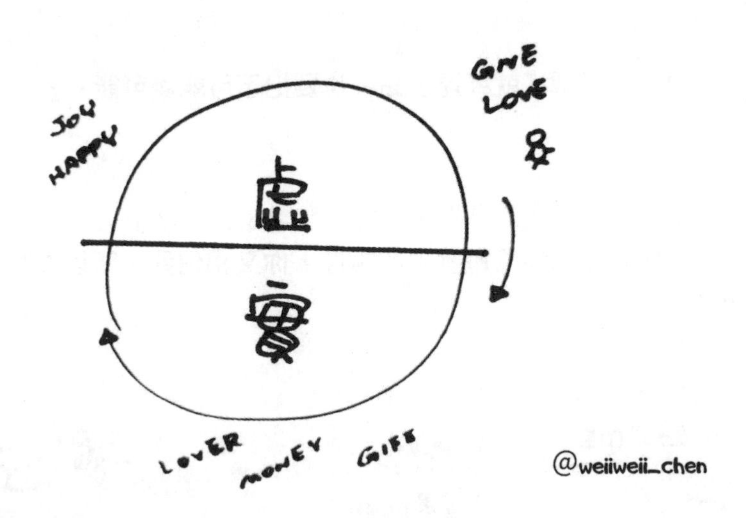

他喝了口咖啡，繼續說：
「你以爲你在給，其實你在收。這就是有錢人變有錢的祕密，是不是很簡單？世界遊戲有個原則，就是要破關超簡單，你只要依循『道』即可，但就是太簡單到人類不敢相信。明明有簡單的方式，只要臣服、聽話、照做宇宙規律即可。

就跟風水就是與宇宙對齊，運勢會改。多協助人，運勢會好，很簡單，人明白其中奧妙就不用勸，自然會做到。」

我：「簡單嗎？」

他：**「吃苦比較難吧**，非角色玩家已經用生活印證給大家看，覺醒吧，不然就是會變窮這樣，然後拍照表現的很快樂。

這只是**一念之間，一轉念，世界跟著變**。就像我的難題，我認爲妳能協助到我，妳就把不可能變可能。」

我：「那是剛好我知道可以怎麼辦，不知道我會說不知道，但是我知道誰知道。」

他：「對，就是種**『就算遠了點，也要把不可能變可能。』**」

我：「那倒是。」

他：「不可能變可能的過程中，妳的信念是什麼？」

我：「**剛好有看到你的遊戲破解路徑，你又相信我，所以你聽我的就過關了，就這樣。**」

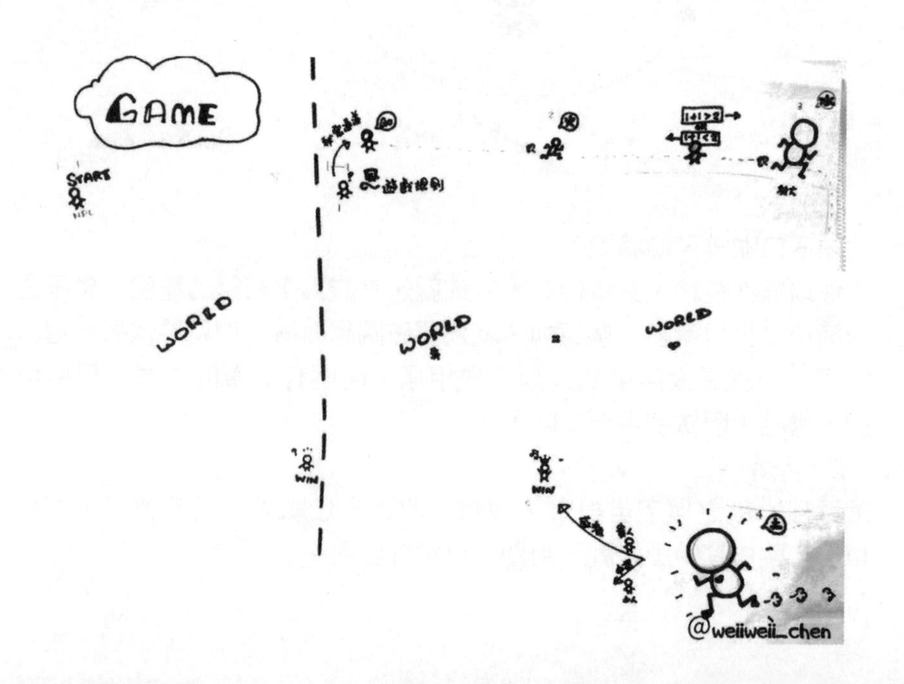

他：「這就是強者的思維，妳願意告訴我，我也願意服從、聽話、照做。因爲妳拿的是『道』在跟我說。」

我：「『道』就是宇宙法則＆心理學吧，剛好跟世界遊戲是對得上的，一個是遊戲規則、一個是人類操作手冊。」

他笑了：「對，形容很到位。」
「而且『從20世界往下看』這句話有點不正確，
正確的是**『20世界的人都是往內看』**。
因爲**所有的答案都在你心中**，世界遊戲用你的直覺力跟你連線，你不相信你的直覺，你就會以爲要追錢，因爲大家都這麼說，你不追錢，人家覺得你奇怪，反了，**是往內看夠深、錢會來追你**。」

我：「喔！所以2維思維就是對立性，才會有上與下、好與壞，難怪弱者思維才會講說上與下。天哪！所以，強者思維眞正的是內外，不是上下，好PEACE喔！」

他：「對的，才會說我們來**強強聯手**，弱的會說你死我活。」

我除了拍手還是拍手，太精闢了，一解我心中疑惑。

我：「我懂，就跟有的人隱藏在80世界，但其實他沒發覺自己是20思維，所以跟大家格格不入很痛苦，大家在追錢，但他早就跳脫那個境界了，他有房子，也知道有比錢更重要的事情，但又不好跟別人說，怕大家覺得他奇怪、覺得他在炫耀，但他只是**沒發現自己是誰**而已。」

他：「就是繼續深深地往內心看就對了。人生就是一趟自我認識的旅程，想起眞正的我到底是誰。」

我：「你這麼年輕有爲了，知道答案了嗎？」
他：「還差一點。所以找妳來談。」

話音剛落，這時，窗邊大霧散去，高樓的美景瞬間回來，陽光普照，很美，我馬上拍了一張照片紀念此刻。

我：「果然，有比風景更棒的事情要我去發現，**受教受教**。」

＝重點關鍵＝
老天爺賞飯＝認識自己是誰
加速你的回收期＝用強者思維＝用20人物的視野格局

＝ Ch14 本章小任務

1.請寫下打中你心的10句話。
2.你現在是拿什麼樣的飯碗？
3.圈起本章強者思維的關鍵字。

Ch15 強者力量SEX
______要講老公怎能不提這個

是不是有人直接翻書就先翻這一章呢？只能說你很會抓重點，但是前面沒看懂、看通，你底沒打夠，記得要回頭打底，成功最重要是一步一步紮穩，該慢要慢，該快要快，跟SEX一樣。

這一篇著重的重點在於**世界遊戲如何看待SEX POWER**，
爲何不是放在火章節呢？SEX應該是要熱情、激情才對啊？
爲何在水之鈔能力呢？你若發現到這點，你應該不是普通人。

沒錯，SEX基於自己的熱情充滿，進而引發雙方的激情，只有一邊熱是不夠的，但是熱情、激情隨著時間是會減退的，隨之而來就是更深一層的續航力，若想要維持就是靠水的特性了，能進到寧靜的層次，做到忘我，就是這個意思。再來，很多人終其一生都在狂熱地做，但是缺少續航力，或是永遠同一招，一招打天下，做成一套SOP，十分無聊，另一伴也十分不好意思說，怕傷了對方的心，只好找七字箴言藉口推託"很累、有事、你先睡"，因爲明明是一件很好玩的事情，就被無趣給扼殺了，就是沒有興趣、性趣缺缺、情趣見底，SEX卡住，跟賺錢一樣，無法千變萬化，無法像水一樣固態、液態、氣態因地制宜，意思是說不是每次都要45分鐘，也不是只有10分鐘就不好，總言之，就得向水的特性好好學習了，不然，永遠無法體會什麼叫愛如潮水，因爲死水只會看見死魚，男女都一樣。

所以這章來說說強者力量______**SEX & 財富之間的關係**。

如果你是期待要一些香辣刺激的，可能要另尋。
本章我們來講深一層：強者力量如何產生。

以世界遊戲而言，虛實一物兩相，實數世界叫做SEX，在虛數世界就叫能量。SEX＝能量。
宇宙萬物生長，都需要茂盛能量。

SEX做得好，賺錢沒煩惱。

沒有Love的叫做Fuck，能量會散掉，遊戲就會卡在窮老公。所以結束會感到心裡空空的，因爲能量被吸走、轉移掉了，只好無限循環一直想著「下一個會更好」、想著「我要當千人斬」。

基於Love之上，能量會凝聚，朝向轉型富老公。
你跟心愛的人Love，一個抵全世界，會越來越有活力。

因爲**Love是宇宙間最偉大的力量，可以穿越時空、維度。**
他不在了，依然感受到愛，只是用不同形式存在你身邊。
她只是現在不在你身邊，不代表永遠不在。

宇宙造物主在設定遊戲關卡時，會在不同年齡，讓SEX不同的展現、不同的激活程度，目的是要觀測遊戲玩家是否能掌握好這個巨大的能量。男人跟女人隨著年齡剛好是相反的，這在古老煉金術中的有詳細講述如何智慧地運用。我翻成白話文就是「SEX做得好，賺錢沒煩惱」。那要跟誰Love好呢？

一定要陰與陽嗎？這個宇宙原始設定是這樣沒錯，其他宇宙我不知道，也許其他宇宙遊戲規則有祂的學問在。
這個宇宙講的**古老鍊金術是太陽與月亮、金＆銀的結構。**

用SEX角度來說，就是從金星來的女人、火星來的男人，找到**各自來到地球相遇的意義爲何**？
你爲什麼要來地球約會呢？？

我最愛的周星馳說：地球很危險的，你快點回火星吧！
還是因爲金星沒男的、火星沒女的？

煉金術古書記載，行星與金屬礦物間的關係：
太陽＝金
月亮＝銀
金星＝銅
火星＝鐵

☉ 金 太陽
☽ 銀 月亮
♀ 銅 金星
♂ 鐵 火星
TIME
@weiiwei_chen

金星＆火星用鍊金術處理後，會產生金＆銀。
等於**銅＆鐵**用鍊金術處理後，會產生金＆銀。

煉金術古書記載，要能煉金，首先「風火水土」四大元素具足，不斷提升＆純化，**金**就會產生，並且加上**時間**，給予**純度提升**，金的純度就會越來越高，不斷去除雜質，直到**99.9%金**，以上是**古老煉金術基礎原理**。
如果你看懂了，恭喜你，是不同凡響的人，若不明白，多看幾次就行了，基礎原理不難，持續行動才是不容易的。
同理可證，原本是銅＆鐵，透過煉金過程，各自變成金＆銀。這就是**來地球約會的意義**。
這就是男女擁有同心一陣線的神隊友後，便能1＋1 ＞ 2 。
沒你我很好，有你我更好，這種感覺。
可遇不可求？沒錯，但在**世界遊戲角度是可以祈禱的**，
你可以選擇讓你的她加快出現在你生命中。

以世界遊戲角度而言，基於Love就能用SEX產生強者力量。

可是我不知道這個女生是愛我的人？還是愛我的錢？
這是窮老公過渡到富老公之時，男人最怕的事情，寶寶怕怕，寶寶不說。事實上，男人比女人更沒安全感，他擔心有一天他事業沒那麼成功了，這女人是否依然在他身邊？是不是女人都能像國際大導演 李安的太太一樣，支持他、看好他、深愛他。

你要讓一個人愛上你，要坐在他視線的左方。
你要讓一個人愛上你，要聆聽他的內心話。
你要讓一個人愛上你，要給他思念你的時空跟記憶點。
你要讓一個人愛上你，要讓他打從心底想要把自己變更好。

我當軍師顧問這些年，大部分的案主們通常工作一講完，就會開始跟我講他們的愛情故事，因爲他們平時沒人說、無法說這些深藏在心中的心情故事。

有一位案主，我們剛好談到他經歷金融巨浪是怎麼活過來的。

他笑著說：「其實在要金融巨浪來之前，他同時在美國還有他的國家買了房子，所以不只是事業受到衝擊。」
我：「你不是一般的厲害，是別人三倍起跳的厲害，請問你是怎麼過的？」

他跟我說了段他刻骨銘心的愛情故事。他那時出國出差，遇見了某個女人。他跟前輩們坐在餐廳小酌，那個女人就坐在他的左前方，一個人靜靜地在看書。

他跟前輩們聊得非常開心、一群男人聚在一起就是愛講笑話，他們不缺利、不缺名，缺得是無憂無慮的歡樂時光。他一開始沒注意到她，直到那女生會邊看書邊笑，笑起來也挺好看的，所以每次舉杯喝酒時就偷瞄她，怕會嚇到她、打擾到她，所以小心翼翼地不被發現，像個小男孩一樣。

總之，最後鼓起勇氣跟她講話，反正在國外沒人認識他，也剛好這女人因爲工作一個月後也要去他的國家，他一開始也多沒放在心上，要了聯繫方式隔天就回國了，正巧要起飛之前女孩傳了一封訊息，他習慣性地專業回話，後面又想看看這女人的反應，沒想到，女人的回話讓他笑得開懷，就這樣心中想著要再見一面，有趣的靈魂萬裡挑一。中間去到美國，忙到天昏地暗，一個月後趕去見她，中間的訊息始終保持禮貌但又有一絲期待，見到面後，他被女人輕鬆大方的自然相處給吸引著了，他想說他的身分地位從未有人敢這樣對他，因爲他總是一臉嚴肅，不過他心底是很開心的，沒有遇見過這樣有趣的人，當晚帶她去看了夜景，氣氛正好時想要抱她，女人不知是不懂還是怎樣反正最後落得一個充滿友誼的擁抱就坐上車離他而去了，他以爲又是個開玩笑，但是她眞的走了，留下他一個人站在原地。

他說從未有人不被他迷住，他條件很好耶，從來不需要追女生，他很好奇這是怎麼回事，一個月後又出差回到女人的國家，思念她一個月，沒想到一見到面便發現自己深深愛上這個人了。就這樣情牽好幾年，中間也非常想要放棄，因爲事業忙、又要世界各地飛來飛去的他，因爲女人說喜歡狗，也不知道以後兩人能不能住一起，案主就把市中心的房子賣了，換了一個草地、小水池的獨棟房屋，我不禁爲他的愛情拍拍手，但是爲什麼呢？

案主告訴我，中間其實發生不少事，他身邊的誘惑也不少，但是他發現這個女人除了沒有世俗氣之外，很多時候面對分離他自己都很難過，但女人總會表現出一副明天見的小女孩感覺，讓他心很揪、很思念，總讓他看見笑臉、不讓他看到眼淚。
我：「不是說眼淚是女人的武器嗎？」

他：「那是拋棄式小武器，幾次就沒用了。對男人而言，讓他感到未來有希望、充滿堅強的笑容才是核彈武器。」

更奇妙的一件事，他們確定在一起的那天，女人告訴他一些話，好像先給他一些勇氣的意思。

我：「爲什麼呢？」
案主：「當時也不懂，過了一段時間我明白了，那時就想要轉換事業，是人生重大決定，因爲金錢壓力非常龐大，不想女人擔心就沒說，但夜深人靜很難過時就會想起她，想到她說的那些話，就明白原來她有多深愛我，遠超過想像。」

我：「後來呢？」
他：「放心，好好的，她最喜歡看下雪了，她那不會下雪，最愛抱著我看雪。我沒送她鑽戒，因爲每個女人都有，但她很特別，所以送她稀世珍寶，有錢也買不到，跟她一樣……。」
我沒說話、沒打斷，
靜靜地聆聽著。
本篇強者力量SEX，就是這位案主跟他心愛女人的故事，傳承給我的祕密。以世界遊戲的角度，虛實一物兩相，實數世界叫做SEX，在虛數世界就叫能量。SEX＝能量。而要讓男人的強者力量能夠展現，女人至關重要。他說那時兩個人相愛，但是根本沒有時空相處，但女人決定勇敢跟他走下去，說是因爲他們第一次SEX時，女人心中看見了花。

我：「請問這是什麼意境？」
他：「妳懂能量吧，我們用能量來說。」
我：「好。」
他：「她曾經告訴我，每次擁抱的時候，都想把所有的溫柔給我，希望壓力快點消失、充滿歡笑，她最喜歡我笑了。」

他其實隱約都感覺得到，因爲他的高收入工作就是賣感覺，身上一個配件都百萬，這種無聲更高層次交流，對他是容易的。

而且每次重逢時，他都會深情地看著她的雙眸，靜靜地、深深地看進去，眼睛眨也不眨，女人沒讓他失望，女人不知怎麼地都能微笑地溫柔望著他，兩人都會深情對視很久很久。

我：「像影片演的那樣？時空暫停。」

他：「對，所以一個女人有多愛這個男人，男人本來就不會去問，但是在深情看著她時，她的反應就說明一切了。
那些會眨眼、閃掉、沒對看的女人，就是心中沒有你，愛的不是你的人，是你的錢跟地位，男人都懂，只是不說。」

我：「原來如此，那花跟能量呢？」

他：「花在說她心花開，女人是花，花要獲得生命力才會開吧？」

我：「對，或是陽光夠。喔，她在說她愛你。」

他：「對。」

我在紙上畫著一朵花，跟一個太陽，中間一顆愛心。
送你，祝你們永浴愛河。
他笑了，眼睛無限星空。

他說也就是這樣，雖然遠距離戀愛好幾年，根本不知道有沒有將來，但是兩人都在爲未來努力著，
然後他才發現漸漸地自己度過了金融危機，能量一切順利，很多人在那時都被打趴，資產對半砍。

世界遊戲有時候就是全頻率的降低，集體大考驗，有時也會集體上升，所以集體能量在下時，若人生運勢剛好也在下，就會下下。但像案主就是集體能量在下時，他的人生運勢剛好轉上，就會趨吉避凶。

而，宇宙間最偉大的力量就是愛。
他在那時遇見了他的幸運女神。

以世界遊戲角度來說，相愛的兩人，好的SEX會融化兩人的能量，創造出一個更棒的能量球圍繞著他倆。

當分開後，這更棒的能量球一分爲二各別持續爲對方帶來更美好的事物，或是趨吉避凶，有祝福、有祈禱、充滿愛的成分在裡面，所以比之前自己的能量更爲強大，而且維持時間很長。這就是談到好戀愛的人爲何會有種發光、有種喜孜孜、散發著世界很美好的感覺，因爲他的能量球持續保護著他。
反之，談到一般戀愛，或是做到普通SEX的就沒有，因爲那是雙方都是普通愛對方。

這能量球就是剛剛案主跟他心愛女人的故事，傳承給我最大的祕密。女人每次一抱他，他心就融化了。男人眞愛一個女人，就會忍不住想要使勁緊緊抱住女人，好想融化在一起的感覺。

講深一點層次，這就是古老煉金術記載的，銅＆鐵相熔，用鍊金術處理後，會產生金＆銀。
事實上，當時那幾年案主有著重大金錢壓力，同時兩間房子的金流差點卡住，所幸過關了。而他那心愛的女人，也在遇見他後，開始打開人生財富之門，直接上一層天花板。

相不相信都沒關係，古書、宇宙法則、古老煉金術、故事都是眞的，相信的人才會擁有力量。

我負責說故事跟講解世界遊戲如何運作，你負責你自己的人生，你只要相信你自己就行了。

男人透過凝視女人，看她心中有沒有住著他。

但女人最常問，我不知道他愛不愛我。
其實，這也容易，一個人若是愛妳，眼神是藏不住的，妳看那男人瞳孔有沒有放大就知道了。
對看久了，有沒有讓妳有心定的感覺？
從心動到心安，才是最好的愛情。
因爲靈魂之窗是眼睛，穿過窗後來到靈魂之門一心。

基於LOVE之上的SEX，就是兩人必定存在著量子糾纏，也就是心電感應，用月下老人的說法就是紅線。不論相距多遙遠，就算一個在外星球、一個在地球，都能同秒感應。

並且，你希望她在她的世界活得健康＆開心，眞心是無遠弗屆的，會穿越維度接受到的，這是宇宙法則。

粉紅泡泡對話告一段落，接下來是黃色泡泡如何開展。

我回去後，請教了其他富太太們，其中那位傳授我最多風水的姐姐告訴我，花就是陰部，宇宙造物是很有藝術的。
花有花蜜，含苞待放看似很美，最美是盛開之時，吐露芬芳，香氣四溢，才是花的最美價值。男人天性會欣賞美麗的，因爲DNA要他們延續自己最優秀的基因在這個世界上，所以男人會去找尋花蜜多的，跟年紀沒有關係，男女都一樣。

男人爲什麼會去採野花？是因爲他是野男人嗎？不盡然，女人要先做個談吐芬芳，行爲香甜的話，男人怎會去採比你不香的花。**男人喜歡**

待在一個讓他感到自己是個英雄的女人身邊，英雄會被需要，表示自己有能力，英雄會被崇拜，表示自己有能力，英雄需要被關心，拯救世界也是需要抱抱的，英雄心情不好時需要被理解，關鍵來了，不是每個英雄都知道如何表達心情不好，但若是講了一次被取笑或是不受到重視，心就會關起來，有個訊號就是，當妳的英雄突然講了個、傳了個妳感到問號的、莫名其妙的話，那就是訊號，他有話想說但不知道怎麼說的訊號，多半是心情不好。

妳該怎麼辦呢？很簡單，讓他多說話，就像開放式申論題的感覺，不要打斷、不要覺得小事情、不要覺得他無聊。

因爲社會要男人不准哭、不准軟弱，但是大家都是人，面臨的壓力、考驗樣式不同，但是承受的重量都是一樣的，所以造就大多數男人不知道如何表達心情不好，雖然男人天性都是快樂的，一個人就很HAPPY，更加不知道怎麼面對這種狀況，語言系統充滿著工作用語，要講其他方面的表達就產生障礙，因爲沒有相關詞彙可以用，所以講的莫名其妙，他不是故意的，他盡力了，可能事情小到妳無法理解，但是理不理解不重要，感同身受才是重點，讓他感到被重視＝聆聽他講完，讓他感到被理解＝聽懂他面臨的狀況，若是妳完全無法理解他爲何要困在這麼小的事情上面，先別發火、先別不耐煩、先別急著打斷，就把他當作小男孩吧，妳的天性就會開啟，母愛、耐心、愛心、包容心就會充滿，小男孩會黏著媽媽一直講話，各種講話，什麼都講，他在練習講話，或是說他在跟妳建立情感連線、建立親密感，因爲妳是他心中很重要的人，他才不管妳是不是在忙、他只想要妳在。

妳該怎麼辦呢？

記得五個問句。讓妳的小男孩多說話，像開放式申論題：1.他對這件事有什麼看法？2.喔～爲何會這樣呢？3.你心裡怎麼想的？4.你發現什麼呢？5.你希望怎麼樣呢？重點是**關心他的心情**。

記得三個不要：不要評分、不要打斷、不要想要改變什麼。

這對男人而言，就是一種粉紅泡泡，雖女人無法理解。
女人會想，剛講的都是女人要做到，那男人呢？女人若先做到，愛妳的男人絕對會學妳愛他的方式，來愛妳。

從白天就開始令男人有粉紅泡泡感，你們晚上才能氣氛轉爲黃色泡泡。粉紅泡泡就是除了調情、調皮之外，該甜時要甜，可辣、可甜、可鹽。

我：「苦跟酸呢？」
富太太：「生活夠苦了，不用。酸呢？吃醋這門可是學問，有智慧的女人不吃醋，不聰明女人就會狂吃醋。」

我：「總是有會吃醋的時候吧？」

富太太：「醋都是要吃的，妳先吃醋他就沒得吃了。讓男人吃醋，妳就贏了。」

我：「哇，等等，質量守恆定律是這樣講沒錯。」

富太太：「跟在SEX一樣，總要有人硬，女人硬了，男人就軟了。」
女人越柔軟，男人自然而然越堅強。兩人越符合天性越好。

女爲地、男爲天。女人天性有很多話要說，但是溫柔之力的女人，要營造粉紅或是黃色氛圍時，會用眼神訴盡一切心意。

我想起那個愛情故事了，我說：「我懂，心電感應他。」

富太太：「對。」

人都會做錯事，女人如果沒事就是母老虎，沒給男人溫柔鄉的感覺，想到就心累，在面前就會很難抬頭，再怎麼鼓勵都垂頭喪氣。大頭不說的，小頭代表，小頭反應很直接單純。

富太太最後說：要做個溫柔氣息的女人，男人心中有妳就勇者無敵了，不管幾歲、不論何時何地。
等等，這句訊息量太大。
有一種男人，很難跟自己女人享受SEX的，就是看似沒有什麼慾望的男人，女人要先試著搭起溝通的橋樑。

不是眞的用語言溝通，是用身體語言。
那種男人可能臉是男人，但身體是男孩。

意思是，男人從未被眞正教導過正確的SEX，但被逼著要上戰場，還不能不會，在這種情況之下，只能自己看愛情動作片自修。但從未眞正了解過女人要的是什麼？或是說女人的身體是怎樣的運作？最值得稱讚的是男人始終帶著愛，希望帶給心愛的她最大的快樂＆滿足。

世界遊戲在設置時，男人被設定爲一直要想到SEX，因爲遠古時代DNA要延續的設定，自發性的就是一直想到SEX，是爲了維繫物種的生存本能。但生物構造又讓男人3分鐘可以結束一切，沒有其他因素考量之下。因爲猛獸在附近，這個重要的事情得快點完成，但是早就不是遠古這麼危險的時代了，思維要提升。男人會想我也想要很猛啊，怎麼辦呢？其實，很猛＆高潮是兩件事，就跟工作＆致富是兩件事一樣，你到底想要哪一個？你從來沒有弄清楚過，所以一直無用功、做白工、無限循環。

女人的身體構造是這樣，沒打開SEX之前沒事，SEX熱機要一段時間，但是一經啟動後，擁有多重高潮能力。也就是昆達里尼的境界。就像火車一樣，前面很慢熱，啟動後可以跑很久。而這個境界，啟動了永恆力量的泉源，創造力的來源。女人要學會了解自己的喜好，包含身體的喜好，直到成爲最好版本的妳自己。男人能一夜七次郎，到底是女人成功引導造就的？還是什麼原因？女人比男人複雜，是因爲生理構造，女人比男人多了子宮，一個孕育生命力的地方，在身體裡的小宇宙。

宇宙中，一物兩相，以實數世界叫做子宮，但眞實意義，在虛數世界叫做創造力。

就跟SEX、慾望，以實數世界叫做SEX，但眞實意義，在虛數世界叫做創造力，一種巨大的能量。

以能量的角度而言，能量無處不在，跑到第二脈輪，就會情慾高漲，但當學會如何正確使用你的能量時，你就不會迷茫，你會漸漸開始建立優良人際關係，進而進到財富之門。

同樣地，能量亂用，就會散掉，散掉容易聚集難；跟錢財一樣，花錢很容易，聚財難。要珍惜、要學習。趁早學會正確運用你的創造力、SEX POWER。

而這些對世界遊戲而言，都只是入門。

什麼入門呢？天堂的入門。

電影 神力女超人說，在她們島上的女人都能夠不需要男人便能夠達到高潮的境界，但是她還是會跟心愛的男人一起享受。

因爲基於愛的性，就像西瓜本身已經很美味，再撒點鹽，整個提升到另一個檔次，天堂滋味的美妙。以身體的角度而言，也是一樣的。

SEX 跟財富的關係，因爲人體構造有脈輪，也就是與宇宙連線的接受器，其中一個跟SEX有關，正確使用，會啟開創造力，這創造力會打開你與生俱來的財富之門。

不正確運用SEX力量會怎樣呢？或是一直跟不對的人SEX，會比同齡人長相更老、或不老但財富一直進不來，這是能量學，能量錯置導致整體機制會錯亂，因爲人體是種生物電導體。所以那些富太太們之間都流傳著，一代女皇武則天古書記載著一些事，細節本書不提，大意就是：好的SEX能永保青春。
雖不可考，但據說武則天連牙都能長2顆回來。

而男人與心愛的女人能夠先浪漫約會，就是一種預告。
若連浪漫這種預告片都不好看，正片可能不會太精彩。
因爲男人天生是浪漫高手，就像動物界雄性動物會跳求偶舞是一樣的道理，是本能。

雄性生物不會跳求偶舞，整個種族就要滅絕了，這很嚴重，已經來到求生本能了，全家就靠你耍浪漫了。

還有若一個男人吃相很急，或自己吃好就好，沒在管對面的女人，這行爲跟在SEX也是同理可推的，這古書有記載。或是沒辦法一起吃飯，就看工作表現，或是爭吵時，女人都生氣了還是要爭對錯，這種在SEX時也是同理可推的。這類男人自己好就好，不尊重女人感受。

優質男人的基本分幾乎等於紳士程度指數。
就看他的浪漫指數、有沒有體貼妳的感受。

擁有富老公的女人說，要智慧地改變女人自身，不要去改變男人，因爲男人本來就沒有改善基因，這是生物學的記載，會去改善自身的都是因爲愛妳、或是大師等級。

簡單地說，他愛妳，他自然願意、打從心底變更好的男人。
換句話說，妳的溫柔，開啟了他想要Be a better man的按鈕。
深層地說，妳怎麼愛自己的方式，讓他延續＆學著愛妳。

因爲男人的思維就是變成英雄，不管幾歲，妳讓他感覺他在妳身邊是英雄的話，原本是注定窮老公的人都會變成富老公。
這才是古老煉金術終極奧義。

宇宙法則有說，我們不能改變別人，只能提升自己，我們自己提升了，別人自然而然會見賢思齊。
他愛不愛妳，重要嗎？
比這更重要的是，妳愛妳自己嗎？

把自己先當作資產，不是負債、不是賠錢貨。
優秀男人天生喜歡資產，當然非妳莫屬。

富老公潛力的男人，眼前若是出現兩個女人，基於本能就是會保護女人，若這兩個女人需要協助，他同樣都會出手。然而，協助完一個普通的女人，他只會感到「嗯...被稱讚」就這樣。
但是，協助完一個比較優秀的女人，他那個心中的英雄感就會爆棚，因爲別的人都沒有辦法協助到那個優秀女人耶，他能，那他就是優秀中的優秀，男人思維是這樣。

所以女人不要跟別人比較，要贏過的不是那些小三四五六七，是妳自己。

妳越來越優秀，富老公潛力的男人只會更想追上妳，穩坐妳的英雄寶座。畢竟他的優秀DNA需要優秀的孕育環境，他看見妳很棒，他也知道敵人會不少，升起備戰情敵的危機意識。

所以要如何讓好男人保持熱情、充滿生命力，就是遵循這條宇宙法則：越來越優秀。

很多女人都想知道一件事，妳在他眼中的份量有多少呢？有個明顯的改變，就是他會問妳意見、妳的建議。從桌上到床上都是。富老公潛力的男人，會喜歡妳的建議、會主動問妳，並且不會只是聽聽。窮老公定性的男人，根本不要、也不需要跟他說妳的寶貴看法，他只會覺得妳嘮叨，因爲他的耳朵跟心都是關上的。

如果、剛好、遇見這種男人，不用抱怨他。
妳愛他，他以爲妳要害他。
回頭來想想，照照鏡子，我們是不是把自己當成負債了？是不是擔心自己遇不見好男人？所以選擇先留著他。

不不不！我親愛的朋友們。
宇宙法則有說，平行時空有很多個，妳可以切換到妳是資產的那個時空，不用抱怨、不用留戀。
事實上，天下好男人超多！
當妳開始把自己看作資產，妳的結界就會打開，優秀男人、帥男人、溫柔男人、可愛的男人多得是。

智慧女人溫柔的力量，富老公潛力的男人，人前就是像獅子一樣的王者之尊，需要尊重、理解、欽佩，會更有自信。當他這心理需求被滿足後，生理需求就會基於安心，轉變爲人後變成小貓咪跟妳各種撒嬌、逗妳開心。

用世界遊戲的角度來說，
每個男人心中，都有個小男孩，當女人白天對他講話，像是他的媽媽樣，他沒有辦法想到晚上能夠好好地激情。要能讓他激起浪漫之心，女人就要從聲音、音頻柔和、語速放慢、音量輕聲細語，發揮女性特有的魅力，優雅地說話。
女人會說，優雅不適合我。事實上，世界遊戲的角度來說，
每個女人心中，都有個小女孩，當想到白馬王子或是蓋世英雄到來時，一定會有甜甜的笑容滿臉，自然講話氣質不同。
就是這種感覺。妳的優雅＆氣質、最好版本的妳自然會出現，所以爲

什麼要遇見眞愛就是如此。
一定有，還沒遇見的再等等，他在路上了，但是女人可以平時先練習找回那個優雅的妳，愛情降臨時，才能從容微笑以待。

以生物構造角度，讓我們墜入愛河腦中會分泌多巴胺等近20種激素，當有戀愛感，會產生浪漫，浪漫讓我們時空放慢。

以宇宙角度來說，兩人所處之時空放慢，但是事實上時間不變，因爲愛然後產生了引力時間膨脹，也就是說越相愛的兩人，越能感到時間暫停，因爲引力越強、時間越慢，當你愛上對方，就等於是對方是你的黑洞、你深深地收到他的吸引，當你進入他的事件視界基本上你就出不去了，他的一切都是非常可愛。

越相愛的兩人，引力越強，時間幾乎不存在，太空人要登入行星才短短一小時，地球上已經過七年。事實上時間就是幻相，只擁有當下。

基於LOVE之上的SEX，引燃熱情，從放慢、到產生兩人的浪漫，不是等著取悅，而是一種互相探索、了解、珍惜的過程。

我在商場上，用世界遊戲的角度看出去，很多難關都會出現解答，有的時候會看見人類比擬成動物形態，什麼感覺呢？
就像 李小龍大師說武術拳法有鶴形、虎形、螳螂拳等等，看你對戰的角色弱點是什麼，更高一層的說法，你擅長的是什麼？
所以有時搞破壞的人出場，我就好似看到一隻鬥雞，他要看看他這一鬥，能否喚醒其他隱藏版鬥雞。
有時候來找我東山再起的案主，就好似看到隻受重傷的獅子。
有時候來找我的案主是隻小壁虎，但能預見他未來是一隻暴龍，我就說沒空。但從他的談吐＆教養之中，能預見未來是一隻草食大型恐龍，我時間再少也有空。

那之於這一篇幅呢？強者力量SEX
我在這麼多擁有富老公的女人們身上學到一件事，她，之所以可以坐在那個寶座。或多或少有點母儀天下的皇后感，也就是她們擁有一種全方面讓富老公從靈魂到身體都很滿足，最關鍵是從心中小男孩到外在男人全面滿足，因爲善用了女性特質，水，最柔軟又最堅強。用第六感看一眼什麼事情都了然於心。
這能力，
反面地用，紅顏禍水，就是負債。
正面地用，柔情似水，就是資產。

讓男人好好地成爲他自己喜歡的樣子，一頭意氣風發的獅子。女人不要一直母老虎發威，不然獅子很難有辦法跟老虎相親相愛、水乳交融。因爲男人心中那個小男孩，腦中畫面都會是“獅子跟老虎格鬥，誰會贏？”，激起比較多是戰鬥慾，不是憐香惜玉的保護慾。
用更高一層角度來看，SEX力量＆財富之間的關係。
女強人，不是外在剛強，指的是內心堅強，能夠讓男人面對世界無所畏懼，不論他是勝仗或是敗仗，都知道還有個對他的成功堅信不移的避風港。那就會從生理需求提升到心理需求，兩者皆愛。從講話語氣溫柔、語速放慢，就會令人感到溫柔。小小改變、大大加溫，氛圍瞬間扭轉。
＃笑
愛笑的女人運氣容易好，身價千萬以上的女人都知道，最佳的保養品就是發自內心的笑容，臉外面擦再貴的護膚品，都只能些微改變，眞心的笑就能從內部肌肉直接撫平皺紋。怎麼做到呢？再微小的事情，都保持著感謝的心情，眞心這麼想，就能擁有發自內心的笑容，自然而然地，就會比同齡人童顏。

當女人進入富老公的家族時，富老公的媽媽們，首要條件看女人氣質有多少，從教養、談話、眼神、笑容便有譜，因爲要傳承家族，進到核心圈，除了內在是重點，外在必看三圍，要接近黃金比例。而三圍中最重要的，比臀部更重要的是腰。

古書記載，臀部是財庫，但不是大就好，要翹、要有彈性。
跟男人下方是一樣的道理，大但起不來，美中不足。
臀部不能小，會坐不了大椅，而女人屁股翹，財庫佳。
又小又扁，富媽媽會說不能生而婉拒，事實上是不能生財。
大臀大腰，錢財大進大出，富老公的媽媽們，會再三考慮。
怎麼改變這件事？很簡單！鍛鍊妳的身材，練重點。

三圍之中最重要的是，腰。
腰是眞正留著的錢有多少，腰越細留住的越多，緊實最佳，腰部緊那裡也緊，是說財庫留住的財富出口。

宇宙法則，可以用意識改變身材的10個字祕密：走路時，把意識放在大腿。

這樣腰細、臀翹、小腿細、身體直挺，走路就走出好身材。
意識決定了一切。

這一篇最想看的都是男人，但是看完，發現好像都是寫給女人看的，男人到底要做些什麼好來增強自己的SEX POWER呢？有，請把自己先弄成一個可口的帥哥樣，有多帥弄多帥。我知道你們覺得自己很帥了，但再照照鏡子，從頭頂到腳底，哪裡還能再又帥又可愛一點點呢？

Ch15 本章小任務

1.請寫下或畫重點，打中你心的10句話。

2.開始鍛鍊你的語氣、語速、笑容、身材重點。
先別管別人愛不愛你，請先瘋狂地愛上自己，一舉手一投足都是討喜的。

PART 4

『土之鈔能力』如何商場&情場上，非你不可？

資產＋淨值上升＝土

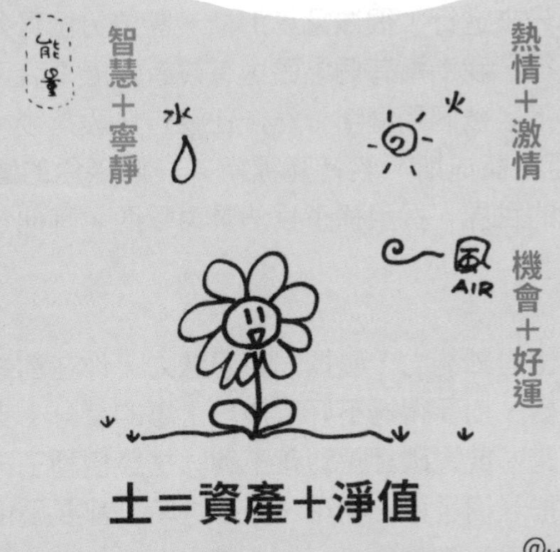

Ch16 宇宙之黑暗森林法則——愛惜羽毛，永遠保護好資產

時間來到2019年。
3月初，海上受訓完，隔天就飛上海，去了1862年興建的李鴻章名人故居一丁香花園，非常優雅的古蹟，爲了四月底先會面。
4月底，只有8天時間要完成一件海外案子，所幸非常順利。
5月中，飛香港與案主們見面，對於後續成爲合夥大家都非常期待，開創一個新天地。最吸引我的就是案主們＆集團創辦人理念，可以讓更多的人有更多的人生自主權，我感到非常榮幸，因爲我發現創辦人的理念是爲了讓經濟局勢不好的時期，大家都能擁有一個小型資產店面，可以免於看人臉色，或是爲人打工擔憂丟掉工作，許多家庭都能有個希望寄託。

正當一切順順利利時，古有明訓居安思危，我銘記於心，**活在當下但也做好未來準備**。因爲那時案主們拿到代理權了，但需要時間才能做跨國技術轉移的階段。而我也還有其他保密協定中的一些案子，有的需要我用其他身分來進行，很像電影那樣，需要另個身分掩飾。也就是在這幾次的飛行，我漸漸有個念頭，有沒有什麼事我沒做，人生會留下遺憾的？寫下了幾個關鍵字，然後任務告一段落後，冒出了一個IDEA充滿貓的亞特藍提斯。貓特藍提斯，一個綠色的國度，充滿植物、森林跟山銅的世界。採用孫子兵法聲東擊西，其他任務照樣進行。

這篇要講的重點是土之鈔能力，發揮一下想像力，你在創業，你的事業在古代叫做搖錢樹，樹長得好不好取決於土壤的養分。土壤品質又分幾種等級，土用錯、或是磷鉀鈣營養不夠，搖錢樹種子再優良，也難茂盛。而在你的搖錢樹發芽、開花、結果之時，都要愛惜羽毛，永遠保護好你的資產。

宇宙有個黑暗森林法則，在說宇宙就是一座黑暗森林，每個文明就是帶槍的獵人，靜悄悄地潛行在林間，擋路的樹枝、腳步的聲音、包含呼吸都得小心翼翼，因爲若是發現了別的生命，就要開槍消滅。因爲生存是文明第一需要，而宇宙又是不斷擴張中，形成某些時空無法判斷是善文明或是惡文明的猜疑，爲了生存第一只好先滅掉其他文明，

商場角度來說，在你尚未強大前，一定要**不斷悄悄地變強**，這個**強的定義指的是你的戰鬥力、行動力、精確度**，若是武器就是快狠準，並且高科技，不要跟他國戰爭還拿出二戰的武器。或在江湖走跳有靠山前，都要愛惜羽毛，永遠保護好你的資產，靠山不論白道或黑道，而政府資源、法律、智慧財產權、商標、會計＆會計師雖一字之差、但天差地別，統統都要涉略，都要懂遊戲規則、江湖規矩。

在世界遊戲中，創業家跟企業家什麼差別呢？懂不懂得資源運用、調兵遣將，在運籌帷幄之中決戰千里，你不用在現場，掌控千里之外的實況。不是手停口停，要從體力財、腦力財不斷升級，不會升級的就不算富老公，會被世界遊戲歸類在非角色玩家，然後下一場也是NPC，也會勸大家成爲一個NPC，或是請孩子去實現他的心願就是繼承他的NPC代碼。有的場景需要一間店，所以要有老闆角色的非角色玩家，所以，不是每個老闆都是覺醒的角色玩家，不是每個老闆都是企業家，企業家的存在能改善大家生活。

一言一行，宇宙量子電腦都在觀測著。你**決定覺醒的那一刻，考驗就會更大，好來確定你的心意**。天將降大任於斯人也……就是這個道理。**越接近成功，考驗越大**，不論金錢考驗、心情考驗、健康、時間考驗都是考試項目，你要做的事情就是**保持堅定意志力&穩定執行速度**。

自從我開啟商業007的新篇章後，我其實還沒弄明白是怎麼一回事，只知道對我不難，但對案主非常重要。好幾次，案主宴會後，需要與

客戶去酒店。

去酒店啊？我聽過另個大案主告訴我是怎麼一回事，商場上跟朋友們告訴我的根本完全兩個境界。是任務，又可以見識見識，時間還早，當然接。

大案主告訴我，商場上男人會上酒店，都是要談更重要的事了或是更大筆的金額，酒店是煙霧彈、酒店是測試。
測試什麼呢？人品，江湖走跳，酒色財氣見眞章。

我心中有譜，某次印象深刻，跟案主一行人到了酒店後，媽媽桑出來迎接，看起來就是常客VIP的待遇，我一樣**靜靜地看**，我不需要嘻嘻哈哈、跟人打交道，酒店妹當然也要招呼我，但是有點奇怪，也有男公關，聊聊天要一萬的那種等級，但我一直句點他們，不需要案主多花這種錢，我不是來玩的，也不是我的Style，我就開心靜靜地品嚐著粉紅香檳，看著他們聊天。那次，我們去每桌跟每桌是隔很開的一間地下高級鋼琴酒吧，我起身經過隔壁桌時，剛好瞄到那個男人長得超像金鋼狼的，他身旁只有一個大眼睛的女生，非常漂亮，我們對看，因爲太漂亮了我視線走了三步都很難移開，沒想到，我到了洗手間洗手時，她來找我。

她知道我是客人，輕聲細語地問我說：
「妳好，請問妳知道我是誰嗎？」
我：「妳好，不知道……我應該知道嗎？」
她：「那請問妳爲什麼來這裡？」

我：「我是顧問，老闆要我來……。」（……看看談判對手如何攻破，這不能說）
她靠近我說了句：「不要跟別人說妳在這看到我，還有顧問是做什麼的？」

我退了一步，雖然她很漂亮：「軍師，就是……老闆解決不了的困擾，找我當軍師。」
她：「有名片嗎？」

她約了我一次深談諮詢，那時我還不知道她是誰，我的原則就是，不會過問不需要知道的部分，保密是江湖守則第一條。

她是個很聰明、講話直接的女生，她問我知不知道爲什麼找我？
我：「不知道，請說。」
她說那晚，他們那間高級酒店是有一些反射裝置是可以互相看到不同桌子的情況的，有需要的時候可以卽刻支援用的。
我：「哇……眞高級。」

她說她會在那裡是因爲走投無路、情勢所逼，她也不想，但是也因此看到許多人見錢眼開，立馬變個人的模樣，她那天陪著討厭的金鋼狼聊天其實很煎熬，但爲了錢沒辦法，突然透過反射裝置看到了我，我爲什麼不用嘻嘻哈哈、我好像是來玩的，但不是玩人的那種玩，也不太理男公關或是其他妹、更不像小三來監視，引起她的好奇心，幸好要到聯絡方式，因爲沒想到我突然就離開，不枉費前面觀察我很久。

我：「講這樣，我也才去一小時。」
她：「妳不知道，上酒店的男人會盯著眼睛看，女人眼睛沒看他，他就會不高興，覺得錢花得不值得，我想看妳但又不被他發現。」

我：「謝謝妳，受寵若驚。」
她：「沒想到，妳經過我們這桌，還一直看著我，心中有個念頭快點跟過去。」
我：「單純因爲妳很漂亮、還有氣質美。」

然後我們繼續深談，看有什麼我能爲她做的。談到了一個她很激動、她知道可以往哪走了。

後來的後來，我從電視上＆各種廣告看到她，原來如此我好像明白了什麼，心中默默地爲她無限祝福。

以世界遊戲來說，有的時候，你得去到某個地方，是因爲要遇見某個人、或是做某些事、說某些話，都是安排好的。
也就是說：
如你意的話，不用太得意。
不如意的話，千萬不要抱怨。
這都是遊戲設計者事先寫好的，每個人事時地物可能都安放了寶藏，若是抱怨、感到不如意，寶物就會被屏蔽。
這遊戲設計者，可能就是未來的你、最有錢的你、你的高我。

講更深一層，在平行宇宙中，未來的你想要讓你抄捷徑或是彎道超車，不要讓你再走過他的辛苦、痛苦、跌跤，
從新寫過一個劇本、從新編碼過這場遊戲，去掉不必要的部分，放入更有趣的寶物，要讓你去發現。
重要的是：盡情地去發現＆蒐集寶物。
寶物不一定是東西，極大可能是人，人是最大的資產寶物。

她本來也不想陪金鋼狼的，但可能未來的她＆未來的我，寫了我倆會相遇。我們無法改變遊戲編碼、但是可以**改變心境**，她認爲她不如意，但是沒抱怨，所以才東看西看發現了我。我想著我要挺案主，所以一起到酒店參與談判，快閃行動，不以刻板印象決定一切。時間一到，老闆就派司機把我送走。

宇宙之黑暗森林法則，文不文明不知道，但是越低等級越殘暴，**想辦法把自己放到有上升氣流、正能量的文明處就對了**。
那裡的人、那裡的物種，都是朝向集體最大利益，特徵是會採取雙贏

策略，這就是你的土、招財樹的好土。你的淨值才會上升，茂盛、繁榮、長壽的境界。

越文明、越愛惜羽毛，人家羽毛亂了，會提醒整理，這種就是上升氣流。會道人長短、給人難堪，這種就是趨向低級，若你現在無法避掉這種環境，在你強大以前，請遵守黑暗森林法則，永遠保護好你的資產。

我爲女性同胞回答心中疑惑，男人都有機會上酒店，他們在那不一定像妳想的那樣，請不帶有色眼光看待，差別在於：
窮男人在酒店，暈船、花錢、喝好醉。
富老公在酒店，生意、訂單、品美酒。

也請在他們回家時，讓他感受到家的溫暖。
記得1＋1 ＞ 2的原理，窮老公有妳的溫柔才能更快變身富老公。

保護好資產，要擁有白道力量，國家。

以國家的角度而言，你成爲一個企業主，繳稅，然後請會計師，聰明的繳稅，要懂得金錢的遊戲規則。不要逃漏稅。國家有稅金，人民對內才能豐衣足食，對外才有先進武器保家衛國，這是一個正向循環，表示你有能力貢獻國家。

不要想著好難、好複雜，完全放著不理財。錢財跟女人一樣，放著不管會跑掉，因爲不愛她，會擇良木而棲。

以世界遊戲的角度，錢財有喜歡的去的位置，好風水處，但是不要迷信弄一大堆，反而送不走窮神，**淨空是最大原則**。
宇宙有個**眞空能量**，有錢人家爲何地面淨空，因爲風水才進得來，眞空能量方能運作，是同樣的道理。

宇宙、心理學大師、愛因斯坦都說：
過去、現在、未來，是同時進行的。

你留有過去已經完全不需要的東西或記憶，這叫負債。
你未來資產就進不來，因爲沒有它的空間。財神爺送到家門口，發現沒有地方可以放，就只好送給別人了。

不相信也沒關係，世界遊戲規則不是給我們相信用的，它的運作規則是給有智慧的人用的，你要相信的只有你自己。

先聚焦在**資產＋淨值上升**，有的人目標寫不出明確的數字，沒關係，因爲**累積財富是內心的遊戲**，20多歲、30多歲、40多歲、50多歲的財富重點不一樣，但以下7個原則皆通用，可以確認自己是否在正確財富軌道＆方向：

1. 建立**熱愛**的賺錢事業。
2. **收入**轉化爲資產，才會富。收入轉化爲非資產，就不富。
3. **支出**保持低調，如同20幾歲開銷不大，還有去了解通貨膨脹。
4. 每月開始先儲蓄，先付錢給未來的自己，收入不穩定也要。
5. 不止一種收入來源。
6. 擺脫債務，爲了40、50歲能實現財務自由，要**全力以赴**。
7. 每月1號與自己的**金錢約會**，了解自己的收支情況，避免不必要支出。

本章重點摘要：

資產－負債＝淨值

朝向：資產上升－負債下降＝淨值上升

= Ch16 本章小任務

1.請寫下或畫重點，打中你心的10句話。

2.確認7個原則，並做到。

3.安排每月1號與自己的金錢約會，聚焦在資產＋淨值上升。

富習慣 ________事業慢慢變富or戀愛時光暫留

巴菲特說：人要到50歲才會眞正富有，是嗎？

世界遊戲角度來看，在Web 2.0時代之前大部分人是如此沒錯，Web3.0後大洗牌，人人有機會，跟著上升氣流就能快速過關。但上去後，有個至關重要的事情，就是如何不要上去後掉下來？如何避開爬得越高、摔得越重這件事？

這就是本篇要講的富習慣，如何商場＆情場上，非你不可？要擁有像土一樣這些特質：篤實、沉穩、包容，才會生意盎然。

來講現實層面，那在變成富老公之前、在著重資產＋淨值之富習慣養成之前，還是窮老公、窮男孩時怎麼辦呢？

有個客戶跟我說，他很想要出書。
我：「爲什麼呢？」**成功的根基是源於起心動念**。
他：「我會很多東西，但一直不知道眞正擅長的是什麼？」
我：『我懂你的心情，我也是這種，很多事情都很喜歡、都很好奇，但不知道要選擇哪個定下來當事業好。」
這種人群擁有多重天賦。

他：「那妳怎麼辦？妳怎麼找到？」
我笑了：「全都去玩一遍哪，全都經營看看。」

他：「然後呢？就知道了嗎？」
我：「體驗過、經驗過，才能眞正知道我喜歡的是什麼，不然都是想像。想八百遍，不如實際行動一遍，就有答案。」

後來以世界遊戲的角度，我又發現一件事，這些**令人感興趣的事情，未必就是所謂的寶藏，極大可能只是訊號**。

這些訊號，是要讓你獲得某部分能力，最後收集成一個。
倒過來說，也就是本來遊戲設計是要讓你獲得一項能力，但爲了降低難度、增加容易度，所以在不同時空把它們拆解開來。

記得**蘋果創辦人 賈伯斯**的經典故事嗎？
他說他大學的時候，莫名地很愛藝術、字體美學，當時不知道這是爲什麼，後來多年後，當他在設計I-phone時就明白了。

「一切都是最好的安排。」

回到想出書的案主故事，我問他：希望出書帶給世界什麼呢？
他：「因爲自己不缺錢、不缺房子、不太需要工作，過著比別人少奮鬥的20年，所以他把時間都花去體驗各種想體驗的，學任何想學的，結果越學越多，看起來很自由，但心中明白，發現**自己人生天花板**出現，眞正要花費大筆的體驗，就停住了，眞正要與人深入交往，就停住了，因爲少了一個很重要的東西，但說不出來是什麼。」

我們深深談過後，找到答案：「在世界遊戲，你是擁有特殊多重能力的角色，這幾年在做的事情就是不斷開發自我能力，想**找到自己是誰、自己存在的意義**，不用羨慕別人，雖然事實上是別人很羨慕你，不過回到一個重點，就是你自己身上，跟你一樣的人也有這些困擾，或是說跟你不一樣的人沒時間去體驗那些，但是若能透過你的文字分享，也能身歷其境感受一番，若能藉由你產生一些啟發那就太好了，對嗎？」

他連忙點頭：「妳懂我！」
我：「剛說這麼多，請用一句話告訴我，對你這是什麼？」
他：「成就感？自我實現？」
我：「請把問號改成句號。」

他笑了：「成就感。自我實現。我想要出書！因爲我喜歡文字創作，我想用文字爲人們提供些價值。」

我：「好，你有資金嗎？」
他又笑了。

出書有兩種，有名氣，出版社主動來邀請，其他人就自掏腰包。你可以花幾十萬，請專業的協辦，或一半的費用自己辛苦點，或是更少子彈做更精準打擊，你要選擇你希望的平行時空，那個不可能才有機會變可能，一切的關鍵都是你的土堆要堆放在哪？什麼意思呢？整篇耐心看完。

出書是種興趣，也可以是事業，其實在世界遊戲之中，就是發名片，一次發一疊故事名片，讓人有時空慢慢了解你的理念、欣賞你，前提是你是個有故事的人，社會上告訴我們，你有很多故事就是歷經風霜，有種貶抑感的味道。

不不不，親愛的朋友們，事實上，在世界遊戲中，要進入強者世界其中一個要件是你有故事，你有精彩的故事。

你會說不是啊，每個人都有故事，雖然大部分我們不想聽，這裡**強者的故事**指的是，**從小人物要翻身變到大人物時，所有的辛酸事故，都用感激的態度、感謝的濾鏡去看待，能把這些事故轉化成故事的，才是引人入勝、人人喜愛聽的**。

世界遊戲認定的強者，是不斷超越自己的那種，贏過去的自己，並非所謂的當年勇，害怕前進的人特徵就是只會提當年勇，正確的是我們要**不斷創造自己的成功小里程碑**，因爲宇宙每天都在擴張，萬物星辰跟著前進，無需害怕，沒什麼好失去的，不然生命終了時會遺憾，不需要，人生是來玩、來體驗美好的，我在失去意識的那三次，只要一有點恢復，腦中沒機會人生跑馬燈，因爲我馬上問自己有什麼還沒完成的重要事情，我每天活著都是爲死亡做準備，不是想死，而是一一解決我的遺憾清單＝實現我的夢想，「我還有很多想體驗、想玩的，不能死！」就這樣，第四次正式恢復意識。

以世界遊戲來講，我強行登入。因爲我的人生才發現我其實能對世界上更多的人們提供他們一個少走彎路更短的路徑，把不可能變可能的這個寶藏，開始沒幾年，我才不要現在登出。

越強的人，一定受過越多考驗，這也是古老煉金術中反覆提煉的，要看看是否是眞金，能純化到什麼地步，能穿過火的考驗，就是浴火鳳凰，無法通過考驗的，就只會是一隻烤雞。

當你確定：

1.「你的時間要投資在什麼事業，並把收入轉爲資產＆淨值」

2.「爲何而做」

這兩件事之後，從窮到富之間的過渡，我們有許多東西是沒有的，這時，世界遊戲考驗我們的是：

以孫子兵法叫『借力使力』的能力。

以宇宙法則叫『無中生有』。

怎麼實際運用？

商場上，主要有四個借：借勢、借資源、借力、借智慧。

一、借勢

平日經營重要人際，請比你有錢的人吃飯。

80世界流傳著，要讓那個人喜歡你就要他請你吃飯，事實上，這樣積分扣超重，也會讓命中註定的那個人更慢一點出現。

二、借資源
錢花在刀口上
借地、借時間

三、借力
用雙贏的角度
去借別人長處

四、借智慧
跟高手學習
追隨高人腳步

宇宙說：萬物非你所有，但，皆可爲你所用。
當你深深明白這句話後，像大地一樣的祥和之氣會出現在你身上、大地的生意盎然會反映在你的生意上，生生不息。
其他遊戲玩家看見你的光、能力值、戰鬥力、氣場非凡，有好的都會被吸過來，壞的自動離開，華人稱之「趨吉避凶」。
因爲一卽全部，全部卽一，世界遊戲中所有資源你可以用，你用得好，世界因你更美好，遊戲就會給你加分、開外掛，**因爲遊戲程式也想知道你等級能練多高**。就是富人圈子都知道的祕密：**金錢會流向懂得善用金錢的人身上**。

爲何要有富習慣？不是有錢後就可以隨心所欲地花了嗎？

1.眞正20人物，不是有錢才變上流20人物，是**先擁有富習慣才變有**

錢的，因爲深深明白：富老公的富，其實是能量較高、**保持充能狀態**，是時間流動性的狀態表現，所以是富習慣，積年累月的，會珍惜一切，所有一切都是寶貴的。錢就會喜歡留在他身邊，不會有錢留不住的問題。

2.商場角度而言，叫做資產與負債的分配，**重視資產累積、信用累積、財富累積，不違反他的作風爲原則**，小人物才會變來變去、說話不算話，大人物穩如泰山。

3.在世界遊戲中，會有某種考驗，讓一票人比較年輕時，就賺到一點錢，然後來初步篩選誰是角色玩家、誰是非角色玩家。採用的是傾向法，角色玩家會把錢投資在資產類的，這種看起來就是沒錢，因爲是無形的比較多，比如投資內在、學習。另一種傾向非角色玩家會把錢投資在負債類的，這種看起來就是有錢，因爲是有形的比較多，炫富，比如投資外在、買耗損品。

4.過關指標：
這錢花出去，效益是否變大？會的話，傾向角色玩家，「過關」。
若這錢花出去，效益變小或不見，那就傾向是非角色玩家。

因爲這關篩選完，從百萬身價到千萬身價，千萬身價到上億身價，1億到5億，5億到10億etc.都有其他篩選機制。所以**要讓錢財留著的關鍵，除了富習慣養成21天之外，就是要有意識地將錢財轉爲資產**。

有位50多歲的案主，有8-9位數的資產，因爲他到3年前終於投資成功，所以趁著這股上升氣流要繼續大刀闊斧前進。我已經先爲他打出第一場勝仗，我們一行人來到無敵海景的頂級俱樂部，他訂了最好的位子歡迎我的到來，這也是第一次見面，之前都是電話會議。

在熱鬧的高級百貨中有個隱密的小門，就像哈利波特般的情節，不起眼的牆壁有著小門，進去後是一年沒有500萬年費進不去的地方。難怪他們堅持要到門口來接我，我自己根本找不到，就是個牆壁，誰知道有門，說好了麻瓜面前不能用魔法。

我感受到案主的熱情款待，他訂了最中間的位子歡迎我，偌大的場地，完全沒有柱子，可見是極度高檔的建築物、非常美味的中式料理、絕佳的無敵海景、一流的服務＆氣氛。

氣氛愉快地談著第一場勝仗的細節，還有未來下一步的推進。他開心地告訴我他有個新想法想要加入計畫，也基本確定要這樣走，我一聽不太對勁，分析了局勢情況給他聽，但發現他一股腦地沉浸在自己美好幻想中，我又再細細分析，他依然故我，我轉頭問他的合夥人，有什麼看法？他的合夥人非常贊同我，但是說服不了他。

我又請問這位案主，知道這樣的風險＆勝算率有多少嗎？因為我已經看出來這樣最少會瞬間燒掉他辛苦2年賺到的錢，或是短時間燒掉幾千萬，就因為一。個。決。定。

他的合夥人其實非常緊張也不同意，幸好我跟他一樣有看到風險不小，但沒辦法，商場法律上，誰股份大誰說了算，可是在同一條船上啊……談話到後來，他還是沒聽明白他將會遇到的危機，這時，我拍桌了！

在一個無敵海景的頂級餐廳正中央的位子，我拍桌了。

在一個一年沒有500萬年費進不去的地方，我拍桌了。

空氣凝結了。

不愧是頂級服務生，很識相地移動走開了，他們以為是黑社會談判。

其他桌也突然變得很安靜乖乖地吃著飯。

空氣凝結，只剩下音樂聲，整桌都停下來了。
我靜靜地看著他。

我用眼神告訴他，「拍桌，沒燒掉幾千萬，值得」。

我靜靜地看著他，他終於回過神來了。

「我不希望你失敗。如果我一個拍桌，讓你沒燒掉幾千萬，值得了，若有得罪，請多包涵。」

他冷靜下來了，喝了口茶，跟我娓娓道來小時候的故事，因爲以前生活環境不是很好，競爭又激烈，又是經濟嚴重蕭條的時代，所以心中一直很想飛黃騰達。好不容易到了50多歲，現在賺到了錢，想給另一伴好的生活，才想再賭一把，有點太高興了忘記這一切得來不易，謝謝讓他清醒過來。
他的合夥人其實就是他心愛的另一伴，她鬆了口氣，但更多的感動是剛剛那段又心酸又甜的眞心話告白，她從來沒聽他說過，藉由我的拍桌，拍出了這鐵漢柔情的一面。

我心中想著，好險，果然是大人有大量，不然在他的地盤我可能就要登出世界了。開玩笑的，我心中明白，他們是會再上一層樓的大人物，所以我有把握爲這8位數拍桌。

之後換了場地，來到了沙發更靠近無敵海景，他的合夥人開了貴鬆鬆紅酒來慶祝第一場勝利，我很感謝這一切，讓我提早見識到這些高級場合，也知道案主們邀請我到這樣的餐廳也是要看看我的某些值／某些質是否能夠再進入更深一層的核心圈，
我的氣勢、氣質是什麼等級的軍師？

拍桌拍到國外去，
在這一場的拍桌，令人難忘，知道我不是收錢變成狗腿的人，該說的一定說，我是眞切爲他們利益著想，這一拍也爲日後續約鋪下了很大路。

3個月後合約期滿，除了續約，我更進入一層核心圈。因爲原本執行長不知爲何不做了，而我以爲合作要終止，所以把未來他們會遇到的大問題＆解決方式都做成計畫書，拆解給他們聽以後我不在他們自己要如何破關，然後他們就說執行長位子空了，希望我半年後其他任務結束，來上任，我說再看看。

又過了3個月合約期滿，除了續約，我又再進入一層核心圈。因爲協助他們打敗了其他恐龍等級的競爭對手，讓他們在業界地位大躍進，亞洲另個集團怎麼也想不透怎麼輸給他們。但這時他們面臨到大家最常遇到的困境「金錢」，他們瞬間需要一筆資金，這超過軍師顧問的服務範疇了。但彼此間的信任值很高了，他們電話裡跟我說，這一關是短時間內要一筆資金，怎麼辦？
我明白他們的意思，沒了這筆資金，可能前功盡棄，他們先想到的是那些員工們，他們有家庭、有父母孩子要養，會影響很多人。

宇宙法則說：不進則退。

再度想起當時我的拍桌，**延後了「失敗」這件事**，還有在那之前，他們一年多都見不到Key man，那都是在**未成功的狀態**。事實上是如此沒錯，但不只是延後，因爲他們是善良的人，我採用的是**「贏，就對了」**戰略，**只要延後失敗，就能有時空將成功提早到來**，因爲很喜歡你們的理念，希望世界有你們的存在，所以想辦法把不可能化作可能。

我看見了他們的上樓路徑，陪著他們走一段，我的功能僅此而已，他們如願事業更上層樓了，是非常開心的，因為除了金錢，還有成就感，很多家庭因為他們活得好好的。在世界遊戲的角度中，只要你的願景目標越清晰，那條路徑會漸漸顯化，前提是：你是為世界更好、為集體利益著想。

如果不是為了世界更好，單純自私的玩家會怎樣呢？
有些「快看，我好棒！」的人，遊戲程式會把這種人變成非角色玩家，放進無限代碼中，永遠察覺不了。最明顯的一種是，滿口仁義道德，行為完全不符合，或是很刻意地做好事，這種就是標準的未覺醒之非角色玩家。在無限代碼中的永遠成為不了富老公，因為富老公積分都是看行為。

在世界遊戲，真正的遊戲玩家是會秉持著「你對我好，我一定對你更好。」富老公的生態是會互相著想、朝向雙贏的，這樣才會生生不息、生意盎然，謂之為土之鈔能力，資產＆淨值上升，人是無形資產。

不要小看別人，就算他是個小孩、女人、路人，高手在民間，尊重為最高指導原則，請穿透外表看見事物的本質。不是誰都能進到那個生態圈，強者圈子不好進，唯有先展現出你的優良特質。

= Ch17 本章小任務

1.請寫下或畫重點，打中你心的10句話。
2.通往成功的道路上，你沒有什麼、你缺什麼，如何運用四個借力使力。

Ch18 人生沒有套路，贏！就對了 贏過去的自己，就對了

時空回到2022年初，我正卯起來準備動物園石虎的提案，臨時起意，提早了行程，要到迪化街各種準備的時候。

一轉彎，鞋子突然壞了。
壞就算了，根本走不了。
我沒生氣，突然想起，不！應該說是突然響起……

『世界遊戲要告訴我什麼？』我走不了，低頭看著鞋子，慢慢抬頭順著鞋子的方向看去，我的天！是廟，我沒有宗教信仰。

驚訝的是，因爲這巷子跟那廟，是我昨晚正忙，但是朋友打電話來硬要我趕快看一個偶像劇中間出現的場景，我邊看邊唸我朋友，我很忙你還叫我看，他說：「妳之前寫一個孟婆的故事，這個也在講，這個是妳寫的嗎？」
我更不開心：「不是。」看到那場景時，我還嘀咕了一句：「虧我是台北人，怎麼這場景，我竟然不知道在哪裡？！」

我的天！！我人現在就在這。
你可能以爲我寫書需要誇張，但我所言100%無編造，就是因爲太多巧合出現，這訊號太明顯，令我不得不承認確實宇宙中真的沒有巧合，一切都是安排好的。

我的天！眼前是廟，驚訝的是我來到影片中令我好奇的場景。是城隍爺的廟，我從來沒去過，但城隍大哥是要找我嗎？我開玩笑著，但是鞋子從未壞過，我也不知道該怎麼辦，只好用奇怪的步伐過去城隍廟前參拜後，心想：『找我嗎？』便離開。

晚上，高階人士聚會，講起這件事，
其中一個就說：「對！找妳啦！快點去。」

我隔天一大清早上課前跑回去城隍廟：
『城隍大哥，請問您找我嗎？』什麼也沒聽到，我就乖乖地照流程把廟裡的神明都參拜過，便離開。

中午，又跟一些人講起這件事，其中一個跟媽祖娘娘很熟的國際女企業家就說：「對！找妳啦！快點去。」

雖然我沒有宗教信仰，我其實隱約都覺得各方神明、各派宗教之於我們這個世界，用比喻就是祂們是同一個集團，但是不同品牌這種感覺，最大Boss就是造物主，也就是最大的遊戲設計者，老高說的大聖靈。

如果你也有感覺是巧合的事情發生，請不要懷疑，若是巧合連續三次以上，拜託，訊號很明顯，請打開你的天線、相信你的直覺。城隍爺招喚我的後續，如果你發現答案了，請寫信給富老公團隊，我要送你禮物。

人生沒有套路，贏！就對了。
是說贏過去的自己，就對了。

過了半年，我決心要從線下延伸到線上，IDEA出來後，5-10天入金1萬美金。這裡有個祕密，不管人生如何往前都要順應時局，可能大衆看似這像不按牌理出牌，但確實有種全宇宙都來助一臂之力的感覺。在世界遊戲中，若我們在對的路上，但那條路鮮少有人走過，需要披荊斬棘、開墾，世界會馬上給一些幸運，讓我們知道「不要放棄」、「再難，我都在」。

與此同時，我的生活也再度另一個升級大考驗，爲了增加可以散步靜心的時間，我讓自己每天走路到公司，雖然不到七分鐘，要經過的信義老天橋，也被拆掉了，原本覺得天橋拆掉有種難過，但這樣的改變，發現視線無障礙是有多重要，能看見眞相，能看見原本沒看見的事物。

什麼意思呢？簡單講。
世界遊戲，要占上風，有個重要的參數祕密。

從小到大社會上教我們：要贏、要贏。
事實上，據統計年收入300萬以下的人會被洗腦成，要贏別人，所以都在你死我活、踩別人屍體往上爬的人生裡，不開心。但也沒辦法。結果形成一個牢不可破的天花板，也是結界。嘴裡說著想要成爲有錢人，心裡卻是嫉妒又仇富的矛盾心情。

不不不！親愛的朋友，事實上這個贏，是要**贏過昨天的自己**，只要這樣**行動，你世界遊戲的天花板會漸漸融化。**

商場情場都是戰場。
戀愛，也是同理可推。

愛你的男人，不用管。
不愛你的男人，管了也沒用。

是嗎？我不知道
我只知道：都給你對。你說的都對。

我要贏。
2022.11月底到12月初，當chatGPT誕生不到一週便獲得10萬用戶時，Google直接拉紅色警報，20年的龍頭地位瞬間被撼動。過了4個月從免費變到開始收費，它已經有破百萬用戶，一夕之間，掌握世界風向，知道這未來會存在，但是比想像中更提早到來了，也許是奇異點。重點是，發揮一下想像力，若玩家們穿過這些大企業現在的光彩時刻，回到之前的時空，他們在做什麼？他們除了精工用心打磨產品＆服務，並且同步花時間建立在醞釀收集名單的建立，1萬、10萬、100萬以上的名單流量，流進來後的各種準備，對，在這個財富第一道門的關卡”你需要一份名單”，以前人用郵寄方式，現在要用電郵方式。

商業唯一祕密：名單＆參數。

公司的眞正資產，名單＆參數，可以縮短時間成功，以宇宙來說類似時空跳躍，別人的飛船要光速10年才能到，你直接空間摺疊就過去了，別人看不懂你的科技原理就會說你騙人、說你說謊。事實上，不用在意低文明用語，然而高文明的會欣賞你，因爲你已經是他們的一份子了，信念相同。進到第一道財富之門後，掌握名單＆參數，如何做呢？

金錢遊戲，只要專注於這件事，你就會贏。
這是一把爲你改變一切的鑰匙，用最少資金，開創你自己的未來，把火力聚焦在打造收集名單。最好的方式是透過你的自有流量，你喜歡服務的黃金客戶名單，不需要爲了不喜歡你的人花費心力、時間，你再優秀，在他眼裡都是空氣、都是嫌棄。

商業角度：槓桿原理
孫子兵法：借力使力
三國時代：草船借箭
西方戰略：精準打擊
宇宙法則：過去/現在/未來都是同時進行的。

以上說法對於世界遊戲都是一樣的，越高段位越明白此方法。

既然你這產品or服務，有信心能帶給世界有價值的，既然會大賣、會賺錢、會雙贏，但你看不懂其他人如何能短時間致富，那就聽聽以下的故事。

非角色玩家在未覺醒前，被社會及學校批量訓練成習慣每天工作8~12小時，並獲得薪水，如果想要每年賺超過300萬台幣，每年必須工作超過50週，每週工作40小時，並且每小時時薪得超過1500元，用高單價時薪乘上時間，花上一年才有。
所以當他們聽到有人可以用一週就賺到他的年薪，他的腦袋無法理解，就會說是騙局，腦中結案、消磁，繼續回歸工作，因爲這是遊戲的設定。前提是有智商&鑑賞力，正派經營。

神 也是用7天創造世界。

某種積極想要突破遊戲規則的玩家，就會感到羨慕，然後相信有這種好事，希望也發生在自己身上，這種積極指數越高，也就是越渴望的玩家，遊戲就會讓他發現路徑，並且觀測看看這個玩家敢不敢相信，因爲方法很簡單，簡單到他不敢相信，他做牛做馬一年才能得到的，現在不用這麼辛苦，要顛覆他腦中的思維，這是一種覺醒的考驗，可以從非角色玩家晉升到角色玩家，活起來、成爲一個有靈魂的人，世界遊戲就會開始觀測他的積極指數有沒有改變，從發現路徑到敢踏進去第一步。
雖然對未知恐懼，如果仍保持信念，那世界遊戲就會打開下一道門，通往財富之小門。

人生沒有套路，贏！就對了____贏過去的自己，就對了

這一場案子，是要集合不同國內外團隊合體進行一場談判。

三個國家、各方單位，有案主們、以及我帶的人，設計師、空間規劃、經理、助理，要面對的是正在建設中的大型商場，商場界的恐龍之一。

每個人都非常緊張，除了語言不同、各單位都是第一次見面、也知道這是一場重要的談判，是不到一秒鐘幾十萬上下的等級，但是一個異動決定了千萬。我其實才是最緊張的那個人，因爲所有窗口都是對我，但是我不能說、也不能表現出來。

當我想明白後，原來我是Vortex，
那就要**從我自己開始產生蝴蝶效應**。
我先想了最終結果——這場要勝仗、而且中心思想是帥，然後我要是那個最不緊張、最冷靜、最平穩的人，**整場「先想贏」**。

就這樣，逆向工程的原理，我告訴各單位，當天早上會議集合時間、地點，每個單位報到的時間是不同的，不准遲到更不准早到，這叫做層級會議。要坐飛機來的人，前一晚提早到。

當天一早，案主們與我先見面，我們散步到餐廳，核心會議正式開始，這時10:00AM，我告訴他們我的戰略、重點布局，等等會怎麼做，就讓他們享受餐點了，但是他們緊張地哪吃得下，我：「你們是關鍵人物，現在在我面前可以緊張，等等底下的人出現，你們一定要表現的勢在必得、贏定了、什麼大風大浪沒見過的樣子。」
他們笑了。

經理來了，到了門口等候著，10:20AM等我指令準時進來，這是**高層會議**。
我告訴經理，等等他的主重點，就是要給老闆提包包，案主們都笑了，說要自己拿。我說不行，大場有大場的玩法，我知道你們平易近人、沒有架子，但是等等是要對外打仗，而且除了提包包之外的功能，因爲要進工地，經理要維護案主們的安全，上方可能有垂落的電線、下方有裸露的建材etc.都要瞻前顧後。

經理是個男人，對於保護這種事當然很有能力，無庸置疑，我們高層會議達成共識，對我而言，安全第一是最重要的事，第二重要的是讓經理每秒都在戰鬥狀況中，他就不會緊張，沒空緊張，不緊張等等就不容易出錯，這是布局關鍵。然後我跟經理說：「現在在我們面前可以緊張，等等底下的人出現，你一定要表現的勢在必得、贏定了、什麼大風大浪沒見過的樣子。」經理點點頭：「好！」
案主們大笑。

10:40AM設計師、空間規劃、助理到了，這是**全部會議**。
近十個人到齊後，最資淺加入的那位簡單自我介紹後，也是初次與我們見面。

我說大家先喝杯咖啡、休息一下，3分鐘後開始**作戰前會議**。

會議開始，每個人都看著我，我當然表現的勢在必得、贏定了、什麼大風大浪沒見過的樣子。但我心底清楚這是幾千萬的落差，參數是王道，我的功能是**用最小的功率、打出最大的效益**。
我沒說話，開始跟每個人對到眼，去感覺＆了解每個人現在的穩定程度後，才開口，我說今天任務重點、時間範圍、對戰的恐龍商場來的角色有誰誰誰。

然後我發給每個人一張任務小卡，上面寫著各自的任務。
比如：
助理們就是各種協助、機動保護大家安全，並文字記錄一切。設計師&空間規劃師負責丈量、看建築消防法規是否合格、找隱憂、看優勢，回去馬上要畫出設計圖、最佳動線、預算表。經理負責提包包&保護，到了現場，負責看動線、看優勢，回去馬上要產出動線圖、預算表。案主們負責東看看、西看看，看看到底喜不喜歡，我負責看看能量吉不吉、看看案主們喜不喜歡。

大家心安定許多，整場1小時內會結束，很清楚知道自己的定位、職責明確，我說這叫「快速攻堅戰略」，卡片請翻過來。

一翻過來，每個人都笑了，上面寫著錦囊妙計，每個人有關鍵的一句台詞，因爲是對戰，什麼時間點、每個人講什麼台詞，我都準備好了。

最後我跟助理們說：「現在在我們面前可以緊張，等等恐龍商場的人出現，你們一定要表現的勢在必得、贏定了、什麼大風大浪沒見過的樣子。」

案主們又大笑。

本篇故事，有許多重點＆商場致勝點，但關鍵在於：

人生沒有套路，贏！就對了

人生很長，我們很多事情是沒有碰過，但是必須要贏的，能做的就是，不論學習or賺錢什麼時候開始最好？答案只有一個，越早越好。

人生也很短，短到我們來不及說再見，就已經時空不在。珍惜＆感謝眼前的一切才是王道，盡情地玩，天大難關也當作玩，因爲玩了不好玩的，才知道什麼是好玩的，再低潮的日子當作玩很快就會過去。這些是富貴家族們如何通過金錢考驗的祕密。

最後，切記，我們不是要贏別人，是要贏過去的自己，這是年收入300萬以上的人基本思維。這是一道天花板，從小社會框架要我們考第一，贏別人，以心理學來看，當我們聚焦於外，就無法聚焦於內在，而所有的祕密都在我們的內心，當我們想要超越的不是別人，而是那個沒錢的自己、膽小的自己、沒擔當的自己、沒三小路用的自己、沒笑容的自己、沒目標的自己、沒健康的自己、沒有幽默感的自己，其他請自己舉一反十，別人的看法不重要，重要的是有沒有在超越過去的自己？不要再有「你越說，我越不做」的這種想法，這裡沒有別人，只有自己，重要的是有沒有在超越過去的自己？

超越十年前的自己？一年前的自己？一個月前的自己？

如果你有一直想要成爲的樣子，但是一直都沒辦法做到，可以換個角度，先超越上個月的自己吧，不論體重、收入、早起、存款、仰臥起坐、閱讀、寫心得、靜心、開心地笑等等，用次數、數字記錄著你自己，像棵可愛的小植物紀錄生長，貼在牆上，不論你今年幾歲，量化你的微小成功，越早開始越好。

Ch18 本章小任務

1.請寫下或畫重點，打中你心的10句話。
2.開始執行「超越過去的你」小任務，量化微小的成功，日期、項目、數字三樣。Ex：每日靜心45分鐘、每日拉單槓幾下。

Ch19 黑鑽石定律
高收入事業原則

我親眼見過黑鑽石，有種神祕的美，是位寶石界案主那年要主推的寶石，耳環、戒指都帶給我見識見識，那一個戒指要五百萬，我超小聲：「這能隨意帶出門嗎？？」

他笑了：「黑色代表什麼，妳知道嗎？」
我：「想要吸收、吸光、吸引，就要用黑色。想要反射就用白色，只知道這樣。」

他笑了：「又是什麼理論？」
我：「宇宙啊！黑洞吸引、白洞吐。所以大明星眼睛跟黑洞一樣，盯著看不自覺就愛上他了，太有魅力了。」
他：「沒錯，所以要找吸睛的來代言，才能吸金。」

在哈佛頂尖1%人士成功卓越的祕密：
黑鑽石定律是個成功學公式，由**「遮蔽信號」及「深入理解」**這兩項因素組成。它指的是，想要走向成功，首先要學會「遮蔽社會給你的負面信號」，並深入不斷執行、練習你擅長的。世界遊戲的角度來看，就是你天生原本有的技能，有的人透過直覺隱約知道，那他就會去嘗試、去練習、直到上手。

加上要從窮老公過渡到富老公，一樣意念會比其他人強，目標朝向他想要的成功，80人物要的成功不一樣，據統計，年收入低於300萬的，會一直爭辯成功的定義，這裡我們不多說，尊重每個人，世界會更美好。
我們看看20人物說的成功，基本上指的是更有財富、更多時間自由、更多的**成就感，也就是協助他人成功**。從自我實現之後，來到協助他人，而成功意念比較強的意思，就是會選擇性地多多聽取＆重視強者的意見，忽略弱者發出的負面信號。弱者之所以弱小，特徵就是會去抱怨別人，把問題都向外看，而強者無論如何就是向內看，所有的問題都是想辦法解決、行動、解決不了就找高手，會採團隊作戰模式，一起改善、一起前進，所以富者越富、強者越強，是財富是一種內在的遊戲，內心指數夠高連動外在指數。

「不喜歡你、討厭你。」
還有一種大家常遇到的人生狀況，會有人處處針對你，擺明不喜歡你的情況發生，切記，不需要去討好每個人，不喜歡你的人永遠都會有，**你做得再好、說得再好，對他而言都是空氣**，因爲他只是不喜歡他自己，或是嫉妒你的某些地方，卻不會正確表達，或是向你見賢思齊，所以用這種錯誤的方式讓你注意到他，好讓你的腦中充滿著這種負面感受，影響著你的心情一直想不透他爲何這麼討厭你，因爲你的每一個好，他都看見自己的自卑，跟你沒關係，那是他在滋長業力、灌溉自己的業力，把自己鎖在結界的方式。**正確做法是：把這件事寫在紙上，放在一邊，繼續你要前進的目標、繼續變好。**原因是：那些會一直表現出來討厭別人的人，因爲心不美，所以看不見你的優點，他也無法討厭自己，只好藉由討厭別人了來轉移自己的注意力，好讓自己不需要進步、變好，你只要看看這個討厭你的人他有在進步嗎，就會了然於心，無需受到影響。我們要做的就是**執行黑鑽石定律這個成功學公式「遮蔽社會給你的負面信號」**，快速前進你的人生目標，實現你的世界。

看到那些人＝看到障礙，看穿他的眞實意圖是要拉下你的速度，打擊你的信心、扯你的後腿、自我懷疑，OK，寫好放著，繼續往前，**不需要讓他的業障成爲你智慧的障礙**，簡稱智障。宇宙法則提到，我們不能改變別人，只能通過改變自身來去影響他人。所以不論你是在學習、做良心事業等等，都是先向內看，先把自己變好來，其他強者看見如此，必定會見賢思齊，看見你在往上走、他若喜歡一定會跟上，無需三催四請。

周星馳說：無敵是多麼寂寞。
但其實呢，你越上樓上面也會有專屬你的朋友，不再是共同取暖，而是**互相熱情支持，因爲你也將成爲那樣的人**。

世界若是遊戲，也是有分樓層的，越高樓的人，高度越高、格局越大，比如說，你現在在遊戲中獲得一項能力「飛翔」。
弱者思維只想到自己，「我要飛給大家看，看我多棒、多厲害。」
強者思維會想到大家，「想要抱著那些飛不起來的人，讓他們也飛起來。」窮＆富，向來都不是指你現在的口袋有多少錢，是思維、是行爲。所以想到大家的人都致富了，變有錢是結果＆表相，眞正要改觀的思維、起心動念，也就是內在改變，外在才能跟著轉變。

都是一天24小時，爲何80%的人都是做多拿少？而越接近20世界的人，看似沒在做什麼、但收入很高，祕密何在？
以商業角度，當你遵守著黑鑽石定律，必產生高收入事業。
以參數來說，當你遵守著黑鑽石定律，必會有黑鑽石報價法，收1給10、收1給20，也就是你會逆向思維、客戶思維。

80%的人，想著是我給了就是爲了要立馬回收、要報答。
另外的人，想著是客戶思維，收了客戶1個錢，就要讓客戶效益最少要達到10倍、甚至20倍，所以不是誰都可以是他的客戶。
出發點截然不同，時間拉長，結果天壤之別。

而那「看似沒在做什麼」的這件事很有學問。
要成爲富老公？那我們來談談更深一層的。

當你漸漸掌握了「遮蔽信號」及「深入理解」這兩項，你就會漸漸體驗到『心流』（Flow / Zone）的狀態，心流＝行動＋覺知達到合一的狀態，白話就是「渾然忘我」的境界。

以世界遊戲角度，你，就是跟高我，或是說「世界上你最好的導師一最有錢的你」，兩者跨越時空頻率對上，那是一個能量流，你進到那個節奏狀態時，會產生「神速力」Speed Force，神速力是位於更高維度的能量體並供給所有的超人類能力。就像是電影中閃電俠那樣，別人要花好幾倍的時間，但你卻能極短地、不可思議地時間就能完成。

這也是首席天才科學家、發明家 尼古拉·特斯拉先生Nikola Tesla在使用的方法，他說：「我的大腦只是一個接受器，宇宙中有一個數據庫，保存了所有信息，我們可以從中獲取知識、力量和靈感，我還沒有深入地了解它的祕密，但是我知道它的存在。」所以他可以在腦海中直接產生影像視覺，也就是特斯拉不需要任何的設計圖紙、模型就能在腦海中反覆修改細節，直到沒有缺點，他才會把腦海中的成品開模做成實體機器。

宗教稱之爲『開天眼、天眼通』，本書不談宗教，我們以科學角度來說，就是我們在的物質世界，是四度的實數時空，而另一個虛數時空、信息場，也稱之爲『靈界』，任何一個實數時空的物體，在虛數時空都有一個形狀一樣的結構，這就叫『一物兩相』，只要物體進入宏觀的量子狀態，當虛數出現，意識就出現了。

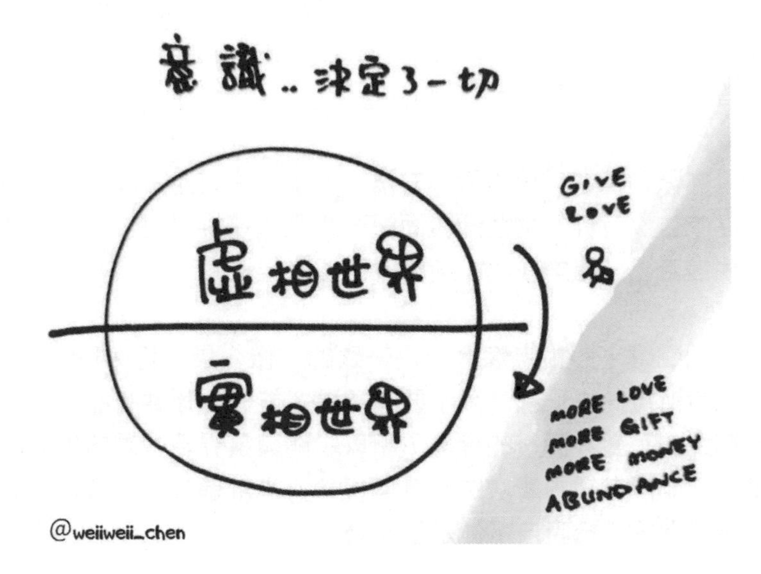

宇宙中沒有巧合，一切都是安排好的，就像你會看到這本書一樣，你會想著，不是啊，就是一個很普通的日子，我剛好有空，剛好逛了書店，剛好看到，在茫茫世界中，所有的剛好，都是安排好的，這裡有上萬本書，書海中爲何就會發現它、就拿起翻了它、就帶它回家？就跟世界上有幾十億人，人海中爲何你就只對那個人有感覺、只想跟他說話、想了解他、早上起來第一個想到他？眞正的答案是宇宙中沒有巧合。

提升一個層次，不論凶吉福禍、失去或錯過，若你仍認同＆感激一切都是最好的安排，你就擁有了帶來幸福的力量。這一切加速了你成爲富老公or擁有讓人變富老公的能力。

史上最偉大的籃球運動員一科比 布萊恩 Kobe Bryant（1978-2020年），在生前就詳細地談過進入心流的狀態，當他在那個狀態時，對手的所有動作都會變慢，而自己會變得非常有自信，一出手球就進了，動作流暢，而傳奇球星Kobe留給世人最憾動人心的一句話「你見過凌晨4點的洛杉磯嗎？」，這說明著首先要遮蔽信號及深入理解，並且化作行動、不斷練習，深度來說，就是鍛鍊我們的意志力、心智，把力量聚焦在要實現的境界。

如果你聽過練習一萬小時的方法，但是卻沒有用，那可能是這一萬小時之中並沒有純然地遮蔽負面訊號＆深入挖掘自己，請不要放棄，重新相信自己，眉角在此，請採取正確的作法。

還有個關鍵，跟古老煉金術是一致的，像「最接近 神 的男人」尼古拉・特斯拉先生一樣，除了要有智慧＆能力，還要有品德、靈性和境界都達到了靈界高層的標準，所以才能與靈界更微觀的生命電磁粒子溝通，能擁有靈界層次的能量與智慧。也就是當人人肯定你的品德，背後說你好，毋庸自疑你是富老公。

這也是爲何全球頂尖成功人士每日必做的事情——靜心。
靜能生出智慧，生出穿透力、打開你的VISION能力，這些是人類與生俱來的能力，只是進到世界遊戲中被封印住，爲何被封印，下本書再說，總之，要回到與生俱來的能力，就是純然地靜心，什麼是靜心？有興趣的請寫信到學校來，這裡不多說。以下三個角度說明：
李小龍大師說，動極而靜，要能極動之前，先要能極靜。
以**科學**來說，靜到某種程度能產生宇宙第五力量「撓場」，它就能穿越虛實之間，讓大腦接受你需要的信息。
以宇宙來說，就是能與阿卡西紀錄、宇宙圖書館連接，那裡紀錄了所有過去、現在、未來的一切，你就不需要焦慮、不需要緊張，眞正的活在當下。

《翠玉錄 Emerald Tablet》
7. It ascends from the earth to the heaven & again it descends to the earth & receives the force of things superior & inferior.
它能從地面飛升到天空，然後，它還能再降落到地面，積聚上界和下界的所有力量。

＝IS BE 黑鑽石＝

1.遮蔽負面訊號＋深入挖掘自己的才能

2.對通往目標時，無益的負面訊號，勇敢地遮蔽，長時間重複

3.靜心、調節奏、進入心流、產生神速力。

= Ch19 本章小任務

1.請寫下或畫重點，打中你心的10句話。

2.執行黑鑽石定律，好來產生你的高收入事業，首先寫下：你需要遮蔽負面訊號有什麼？

Ch20 富老公／窮老公的差別，只有一個
富貴在天，什麼在地？

看到這裡的你，必須先給自己拍拍手，直接偷翻到這的不算，成功是一步步扎實地走穩，偷翻的朋友請翻回去，要乖喔。若你能看到這裡，總和前面的所有章節，富老公／窮老公的差別是什麼？有智慧的你心中有答案了嗎？

如果有，又想知道正解，書最後一頁請寫信到『富老公』學校來。如果沒有，也沒關係，人生本來就是一場認識自己的美好旅程，也許某天就突然明白了也不一定，行動才是王道、盡情享受你的世界遊戲。

千言萬語難以形容，先以一字概括全部。
能從窮老公過渡到富老公，最明顯特徵，就一個字「帥」。

不僅限於顏值的帥、
一種行為上的帥、
一種人見人愛的帥。

為什麼我一直說窮老公到富老公是**過渡**呢？

此岸即是彼岸
中間隔著一條**智慧之河**
中間隔著一座**寧靜之湖**

以宇宙來說，老公就是太陽。
窮與富，就是發光發熱的弱與強，沒有對錯、沒有好壞，都是我們。
我衷心祝福看到這裡的朋友們，你們都擁有最美好的世界遊戲體驗，這個美好不限於一帆風順、萬事如意。而是更上層樓、**上一個維度的**

萬事勝意，一切都比你能想得到的更好。

是我們能在這場世界遊戲中，
爬升的高度有多少、發光的亮度有多少。

從暗咪摸的宇宙黑暗中，發出微弱的光，漸漸發出微小又堅強的光，跟微笑時的眼睛會有無限星空一樣，不要害怕，儘管讓需要的人們找到你，你是獨一無二珍貴的存在，千萬不要小看自己。雖然我寫書之前也很多害怕，但是我想到有許多需要的人們在等我完成這件事，我就充滿勇氣了。

我是 維。
感謝這段旅程出現在我生命中的每個人，還有些精彩故事未完待續。
也謝謝你讓我有機會在文字的世界中，與你相遇。
一起成爲一個最棒玩家吧！我們未來見。

現在去玩吧！

= Ch20 本章小任務

1.請寫下或畫重點，打中你心的話。
2.這一章節看完了？掃這QR code，有話對你說。
3.意猶未盡嗎？請翻到最後一頁。

後記

『富老公X窮老公』事業&戀愛學校____隱藏版

江湖走跳須知

Ch21 識人鑑賞力，打造你的後台靠山 ________迎貴人

Ch22 煉金的煉，戀愛的戀 ____________________不二心法

Ch23 煉金的金 ______________________________升維打擊

Ch24 如何財富越多，自由時間越多？

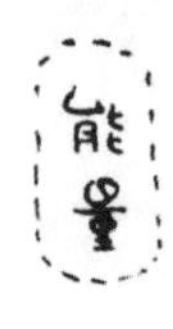

土

@weiiweii_chen

若世界是遊戲，很多的「爲什麼」似乎就有了方向＆解答。
這不是一本心靈雞湯之書，這是你完全可以運用在商業、戀愛、人生方向的教戰指南。本書最底層邏輯是古老鍊金術，包含著心理學、科學、宇宙法則、熵定律、孫子兵法、大自然。

邏輯很強的人，可能有火星人血統，請用商業角度來看這書。
直覺力強的人，可能有亞特蘭提斯血統，請跟隨你的直覺。
很天眞、純眞的人，可能是靛藍小孩or仙女星人，就直接看吧。
若你知道很多、但從來沒人可以說，可能是地球老靈魂。
就只是想知道如何變成富老公，那請打開你的想像力，在文字中獲得的答案吧。

你是哪個呢？寫信告訴我。
2045年奇異點到來前，會有大量窮老公變成富老公，爲什麼？
因爲那些男人都採取行動了，或有大量的女人學會了，並協助大量的人變成富老公，由1.0版本轉型爲2.0版本的自己。

什麼富？不只金錢、自由時間富、成就感富，不再是不知道自己爲什麼而活著，找到存在的意義＆價値。
也是接近高等文明所說的『IS BE』。

成爲一個有趣的靈魂，
成爲幸運的引力中心。

你可以小看這本書的力量，但請不要小看自己的力量，你會來參與這場地球遊戲盛會，都是被千挑萬選而來的。

『富老公X窮老公』事業＆戀愛學校

目前已經解決了以下人生困擾：

請爲自己狀況測驗小評量，有遇到的話，圈起來，
若你只有0-3項，恭喜你，是個成功的遊戲玩家。

看看自己曾經有幾項呢？

＝工作篇＝

1.想要有更多的錢，不想再領死薪水，但不知道做什麼事業？
2.我想有自己的事業，但怕會失敗，之前有失敗過，還沒找到解決之道，不敢踏出下一步。
3.我想要不出門工作、想在哪就在哪工作，不受限制。
4.爲什麼股東都不聽我的意見？我們不是平行合作的嗎？爲什麼感覺我像是員工下屬。
5.我想要有自己的事業，不要再爲別人工作。
6.我想要幫助人，並且是有商機的。
7.我想要工作輕鬆點，能收入提高＆有自己的時間去做喜歡的事＆找尋人生的意義。
8.不要再被當萬年No.2……
9.我這個年紀了，到底還有什麼可能性？
10.要從何開始創業？不想再領薪水了。
11.創什麼業才好？
12.創業＆時間有好多關聯，要創業還是要先保有金流？
13.擅長經營管理……但要怎麼變成事業呢？第一步怎麼跨出去？如果想做那個事業會很花時間，如何能多陪陪家人？

＝戀愛＆事業＝

1.工作太忙，女朋友都快跑了，可是我好不容易追到她，她不能多點體諒嗎？我這麼忙還不是爲了多賺錢？
2.女朋友都聽不懂我工作的事，然後又很愛問，說是關心我，每次講到最後都是吵架。
3.工作完，我只想休息，但女朋友總會吵著要聊天，看不出來我很累

了嗎？

4.創業＆戀愛有好多關聯的感覺，創業怎麼有時間戀愛？創業圈的男生都很奇怪、自以爲是。

5.好不容易認識新男生，跟男生聊天，男生又聊工作，很難聊怎麼辦？

6.喜歡藝術＆跟人接觸，怎麼變成事業呢？第一步怎麼跨出去？

7.生活圈就這麼大，想認識新朋友，不想用交友軟體認識人，那種都不長久，想要一個懂我的。

8.我不缺錢，也有房子，但沒什麼工作經驗，可是我想談戀愛了，是不是要創業才能認識優質男生？我也想要創業更有自信、成就感。

9.知道老公創業辛苦，我也想幫他分擔經濟壓力，我能做什麼？

10.我努力工作10年好不容易當上公司最高層，結果老婆卻在這時候離開我，她說受不了這種關係，說感受不到我的愛、也無性趣，在外工作體面風光，回家卻感受不到身爲男人的愉悅。

11.異地戀男友，若能拿到代理權，就能順利搬到我的城市一起生活了，因爲他是外國人，引進自己國家品牌創業比較容易，下一步該如何做好，好多重要問題從何著手才對。

12.我們從小攤位一起奮鬥起，走過貧窮階段，現在老公出外都有司機，但身邊也充滿無數年輕女人黏著他，我又不適合帶去商務場合，除了房屋財產是我的名字外，我還能做什麼？老公變有錢後，我們要怎麼維持好感情？

＝戀愛篇＝

1.找不到懂我的人？都沒什麼知心朋友。

2.去約會相處時，還是克制不住去刷手機，讓人對我很扣分，覺得我很不重視她，可是我都出現了表示我很重視她，怎麼溝通才好？

3.好難找到戀愛對象？

4.不想再錯過合適的人了，錯過好後悔，不想要有遺憾人生。

5.只是想要有人願意傾聽我說話、找到跟我同頻率的人、靜靜地相處就好，不一定要每次都有解決方案，是約會又不是開會。

6.我不想要爛桃花、不喜歡速食愛情，優質男人在哪？
7.我不想再被當工具人＆盤子了，世界上眞的有好女人嗎？
8.我想要成爲一個迷人、有魅力、充滿自信的人，選我喜歡的人，在愛情裡占上風，不想再當一個可有可無的可憐蟲。
9.我喜歡的都不喜歡我，我不喜歡的都很瘋狂跟著我，很困擾。
10.感情方面，希望不要都是占下風，我追她這麼久，到底勝算率有多少？她到底喜不喜歡我？怎樣才能雙向奔赴？
11.老公說爲了工作都去交際應酬，很晚才回家，明明事業已經很成功了，爲什麼？我能爲他做什麼？
12.夫妻事業好不容易做起來了，但老公回來都不跟我說話，跟他聊天他還嫌煩，是不是不愛我，有小三了？

＝健康篇＝

1.我的身體爲什麼接二連三有毛病？
2.我的傷怎麼好不了？
3.人們同理心在哪？多體諒隱疾之苦，我想我會好得快些，不用在忍受痛苦時，還要解釋，解釋完還要接受冷嘲熱諷。
4.晚上都睡不好，我好像有種不安全感，讓我長年一直失眠、睡睡醒醒。
5.我想要內心平靜一點，不要這麼易怒or焦慮。
6.我的工作是幫助人，但是每次接收完這麼多負面情緒，說眞的，我心裡好累、無所適從，我也不想再把這種情緒轉給他人，總是自己默默消化吸收，有沒有人能告訴我該如何是好？

＝自信篇＝

1.我不想再在意別人的眼光＆看法了，活得好累，爲什麼都要符合社會化期待？幾歲沒達到什麼地步，就是失敗。
2.但願世界能更美好，我其實很喜歡上台說話、拿麥克風的感覺、但是我又很容易害羞怕生，想克服一上台就發抖。
3.我對自己的外貌、身材、聲音很沒自信，誰會喜歡我？

4.我是個比較高的女生，但願我矮一點就能交到男朋友了。
5.但願我高一點、壯一點，讓人感覺很MAN，總之不要再說我很沒安全感了。
6.希望我不要這麼憂鬱陰暗，我喜歡的人都不喜歡我了。
7.我喜歡跳舞，讓我感到像個明星，但我的肢體動作很不協調，不敢在有人的時候跳，但我想要有觀衆欣賞我。

＝時間篇＝

1.我想要的生活方式是說走就走，不用徵得誰的同意。
2.我想要自己時間變多，不要夜深人靜精疲力竭才有時間獨處。
3.說好的要整理家裡，都一直跟自己開芭樂票沒實現過。
4.要怎麼兼顧好事業、愛情、家人呢？
5.人人都需要我，但是這對我的快樂一點幫助都沒有，還占了我大部分寶貴時間，難怪都覺得時間過得很快，但都沒有做什麼有意義的事，想做的事情也一直沒有開始，也沒時間談戀愛。

＝夢想篇＝

1.我喜歡旅行、學新東西、我知道我在找尋什麼、但我不知道那個是什麼？好像是我存在的意義到底是什麼吧？？
2.我想要住在國外一段時間，再搬到下個地方，想回國就回國，不用煩惱收入，不再用時間體力換金錢，自由的生活方式。
3.我不知道我人生終極夢想是什麼，但我想要有個合適的伴，都在做彼此熱愛的事業，也懂彼此，是最佳戰友＆戀人，不論人生高高低低，我們都會支持鼓勵著彼此，她也過得很充實，常常告訴我她對世界的新發現，我們將會非常開心過一輩子。
4.聽說人來到地球是有使命的，但我內心身處怎麼覺得我的翅膀被折斷了，我就是飛不起來，爲什麼我的障礙這麼多？
5.想擁有自己的事業、到哪都能賺錢、跟愛人到處旅行看世界。
6.我想要更有自信、更有錢、更快樂、更健康，不要有遺憾，那些年錯過太多了，也失去太多了。

7.我想把我的小說故事，拍成電影，讓更多人感到快樂＆希望。
8.想要煮一頓美味晚餐給我的愛人，但在實現之前，我們已經很難見到面了，每次要烹飪前都會想起他，異地戀何時才結束。
9.雖然已經是導演、國際製片，但最想拍的是喜劇，喜劇太難，洞察人心還要感動深刻，所以成功的喜劇我打從心底佩服。

「人喜歡故事，因爲故事有溫度，
絕望的人會從故事中找回力量＆希望。」

「若有天，宇宙又徵召我的小命，至少留有一套系統／成功學／成功路徑／「世界是虛擬遊戲」的破解祕招供相信我的人可用。」

「我相信人生是很美好的，不是只有工作、工作。」

「玩才是王道，活出自己的光才有意義。」

「可以快點破關，爲何要卡關！」

Emerald Tablet

When I entered into the Cave. I received the Tablet Zaradi. which was inscribed, from between the hands of Hermes. In which I discovered these words:

1. Tis true without error. certain & most true.
2. That which is below is like that which is above & that which is above is like that which is below to do the miracles of one only thing.
3. And as all things have been & arose from one by the mediation of one: so all things have their birth from this one thing by adaptation.
4. The Sun is its father. The Moon its mother. The Wind hath carried it in its belly. The Earth is its nurse.
5. The father of all perfection in the whole world is here. Its Force or Power is entire if it be converted into Earth.
6. Separate thou the Earth from the Fire. The subtle from the gross sweetly with great industry.
7. It ascends from the Earth to the Heaven & again it descends to the earth & receives the force of things superior & inferior.
8. By this means you shall have the Glory of the whole world & thereby all obscurity shall fly from you.
9. Its Force is above all Force. For it vanquishes every subtle thing & penetrates every solid thing.
10. So was the world created.
11. From this are & do come admirable adaptations whereof the means is here in this.
12. Hence I am called Hermes Trismegist. having the three parts of the Philosophy of the whole world.
13. That which I have said of the operation of the Sun is accomplished & ended.

@weiiweii_chen

翠玉錄

當我走進洞穴，我看到了一塊翠玉，上面寫著字 那是從 Hermes 的雙手被書寫出來的，從那裡我發現以下這些文字：

1. 這是真理，沒有絲毫的虛假，是確鑿之最確鑿的真理.
2. 要造出"唯一之物"的奇蹟，須明白，那上界之物與下界相同
   而下界之物也與上界無異.
3. 那唯一的"造物主"創造了世間萬物，所以萬物皆誕生同一之源.
4. 太陽是"唯一之物"的父親，月亮是母親.
   它在風的子宮裡孕育，大地的乳房滋養了它.
5. 它是宇宙中最完美的本源，它變成土時，其力量是無窮的
6. 它能將泥土從火中隔離，也能讓精妙之物從粗物中
   呈現出來.
7. 它能從地面飛升到天空，然後，它還能再降落到地面
   積聚上界和下界所有的力量.
8. 由此你將獲得全世界最卓絕的榮光.
   所有的陰暗都將從你身邊消散。
9. 這是強大力量中的最強者，它能超越所有的精妙之物，
   也能滲透入所有堅固之體.
10. 宇宙就是＿這樣被創造出來.
11. 按照這一過程，從這"唯一之物"中產生了眾多非凡的變化.
12. 之所以被稱為三重偉大的Hermes，
    是因為承擔了全宇宙智慧的三重角色.
13. 關於"太陽的工作"，這就是＿我要說的全部.

@weiiwei_chen

《Emerald Tablet》

When I entered into the cave, I received the tablet zaradi, which was inscribed, from between the hands of Hermes, in which I discovered these words：

1.Tis true without error, certain & most true.

2.That which is below is like that which is above & that which is above is like that which is below to do the miracles of one only thing

3.And as all things have been & arose from one by the mediation of one：so all things have their birth from this one thing by adaptation.

4.The Sun is its father, the moon its mother, the wind hath carried it in its belly, the earth is its nurse.

5.The father of all perfection in the whole world is here. Its force or power is entire if it be converted into earth.

6.Separate thou the earth from the fire, the subtle from the gross sweetly with great industry.

7.It ascends from the earth to the heaven & again it descends to the earth & receives the force of things superior & inferior.

8.By this means you shall have the glory of the whole world & thereby all obscurity shall fly from you.

9.Its force is above all force. For it vanquishes every subtle thing & penetrates every solid thing.

10.So was the world created.

11.From this are & do come admirable adaptations whereof the means (or process) is here in this.

12.Hence I am called Hermes Trismegist， having the three parts of the philosophy of the whole world.

13.That which I have said of the operation of the Sun is accomplished & ended.

煉金術《翠玉錄 Emerald Tablet》13句話

當我走進洞穴，我看到了一塊翠玉，上面寫著字，那是從赫爾墨斯的雙手間被書寫出來。從那裡我發現了以下這些文字：

01.這是眞理，沒有絲毫的虛假，是確鑿之最確鑿的眞理。
02.要造出「唯一之物」的奇蹟，須明白，那上界之物與下界相同，而下界之物也與上界無異。
03.那唯一的「造物主」創造了世間萬物，所以萬物皆誕生於這同一之源。
04.太陽是它（唯一之物）的父親，月亮是母親。
它在風的子宮裡孕育，大地的乳房滋養了它。
05.它是宇宙中最完美的本源。它變成土時，其力量是無窮的。
06.它能將泥土從火中隔離，也能讓精妙之物從粗物中呈現出來。
07.它能從地面飛升到天空，然後，它還能再降落到地面，積聚上界和下界的所有力量。
08.由此你將獲得全世界最卓絕的榮光，所有的陰暗都將從你身邊消散。
09.這是強大力量中的最強者，它能超越所有的精妙之物，也能滲透入所有堅固之體。
10.宇宙就是這樣被創造出來。
11.按照這一過程，從這「唯一之物」中產生了衆多非凡的變化。
12.我之所以被稱爲三重偉大的赫爾墨斯，是因爲我承擔了全宇宙智慧的三重角色。
13.關於「太陽的工作」，這就是我要說的全部。

意猶未盡
掃這個

我有問題
想請問

國家圖書館出版品預行編目資料

富老公X窮老公：感激帶來幸福的力量／程維維著. --初版.--臺北市：貓特藍提斯有限公司，2023.10

面； 公分

ISBN 978-626-97649-0-7（平裝）

1.CST: 自我實現 2.CST: 成功法

177.2 112012251

富老公X窮老公：感激帶來幸福的力量

作　　者　程維維

出版發行　貓特藍提斯有限公司

110 台北市信義區信義路五段7號37樓

設計編印　白象文化事業有限公司

專案主編：李婕　經紀人：張輝潭

經銷代理　白象文化事業有限公司

412台中市大里區科技路1號8樓之2（台中軟體園區）

出版專線：（04）2496-5995　傳真：（04）2496-9901

401台中市東區和平街228巷44號（經銷部）

購書專線：（04）2220-8589　傳真：（04）2220-8505

印　　刷　基盛印刷工場

初版一刷　2023年10月

定　　價　520元